SUCESOS INEXPLICABLES

Casos de la Historia sin Explicación que han
Dejado Confundidos a todo el Mundo

BLAKE AGUILAR

© Copyright 2023 – Blake Aguilar - Todos los derechos reservados.

Este documento está orientado a proporcionar información exacta y confiable con respecto al tema tratado. La publicación se vende con la idea de que el editor no tiene la obligación de prestar servicios oficialmente autorizados o de otro modo calificados. Si es necesario un consejo legal o profesional, se debe consultar con un individuo practicado en la profesión.

- Tomado de una Declaración de Principios que fue aceptada y aprobada por unanimidad por un Comité del Colegio de Abogados de Estados Unidos y un Comité de Editores y Asociaciones.

De ninguna manera es legal reproducir, duplicar o transmitir cualquier parte de este documento en forma electrónica o impresa.

La grabación de esta publicación está estrictamente prohibida y no se permite el almacenamiento de este documento a menos que cuente con el permiso por escrito del editor. Todos los derechos reservados.

La información provista en este documento es considerada veraz y coherente, en el sentido de que cualquier responsabilidad, en términos de falta de atención o de otro tipo, por el uso o abuso de cualquier política, proceso o dirección contenida en el mismo, es responsabilidad absoluta y exclusiva del lector receptor. Bajo ninguna circunstancia se responsabilizará legalmente al editor por cualquier reparación, daño o pérdida monetaria como consecuencia de la información contenida en este documento, ya sea directa o indirectamente.

Los autores respectivos poseen todos los derechos de autor que no pertenecen al editor.

La información contenida en este documento se ofrece únicamente con fines informativos, y es universal como tal. La presentación de la información se realiza sin contrato y sin ningún tipo de garantía endosada.

El uso de marcas comerciales en este documento carece de consentimiento, y la publicación de la marca comercial no tiene ni el permiso ni el respaldo del propietario de la misma.

Todas las marcas comerciales dentro de este libro se usan solo para fines de aclaración y pertenecen a sus propietarios, quienes no están relacionados con este documento.

Índice

Introducción	vii
1. Alienígenas del pasado	1
2. Las desapariciones más extrañas	23
3. Las tradiciones y costumbres más bizarras	49
4. Videntes y sus predicciones	65
5. Las teorías conspirativas más extrañas	93
6. Misterios humanos	121
7. Maldiciones famosas	135
Conclusión	161
Bibliografía	163

Introducción

La historia humana está llena de misterios, desde la verdad sobre nuestro origen, que ha generado grandes debates entre los científicos y creyentes de teorías alternas, hasta las coincidencias entre las muertes de los más influyentes artistas contemporáneos. Es difícil poder tomar un solo punto de vista como la verdad absoluta cuando existen más de una explicación para todos los sucesos que resultan difíciles de definir.

Este libro está escrito con la intención de ofrecerte una nueva visión de algunos de los sucesos más populares y conocidos de nuestra época, y de épocas muy antiguas. Te permitirá tener conocimiento sobre algunas de las tradiciones más extrañas que existen en nuestra época, algunas incluso milenarias que han sido conservadas por los locales para la bendición y protección de su gente.

Introducción

Las teorías conspirativas también han sido un tema de tendencia en los últimos años.

La gente es cada vez más escéptica a las explicaciones oficiales y noticias de las instituciones del gobierno, cada vez más testigos salen a la luz con evidencia sobre encubrimientos de OVNIs, conspiraciones dentro del mismo gobierno, y las verdaderas razones detrás de algunos de los conflictos bélicos más remarcables de nuestra historia.

¿Qué nos depara para el futuro? A veces los científicos más prominentes tampoco son capaces de responder a esta pregunta, pero quizá un anciano que vivió hace cientos de años pueda darnos una noción de lo que está por venir. El universo trabaja en formas de las que no podemos entender, escucharlo podría traer más beneficios de los que crees.

1

Alienígenas del pasado

La cultura Sumeria y los Anunnaki

Los sumerios son vistos como una de las civilizaciones más antiguas registradas por la arqueología moderna, se ubicaba en los valles fértiles y ricos entre los ríos de Tigris y Éufrates, el área donde actualmente se encuentra Irak.

Los teóricos y entusiastas de los alienígenas ancestrales ven a esta civilización como la evidencia más grande de la influencia pasada y directa que los alienígenas tuvieron en la población humana y el avance de nuestras civilizaciones.

. . .

Basándose en esto, algunos teóricos de los alienígenas ancestrales han creado religiones, sociedades secretas, y cultos que se fundamentan en los escritos ancestrales de los antiguos Sumerios, ya que en estos describieron su creación como asistida por seres tecnológicos que llegaron del cielo.

Mencionan fenómenos de la cultura popular sobre el Planeta X, y hablan sobre seres que simulan ser androides (Anunnaki), Sumeria ha sido envuelta en el misterio de los tiempos antiguos, lo cual nos deja a merced de nuestra habilidad para encontrar la mejor y más lógica conclusión sobre sus orígenes, y si realmente seres alienígenas antiguos influyeron en su cultura y civilización.

Uno de los misterios que deja a muchos arqueólogos con preguntas es la repentina y rápida aparición de la civilización Sumeria hace aproximadamente 6,000 años. Además de poseer grandes avances tecnológicos en la escritura y cerámica, lo que realmente desconcierta a los arqueólogos y teóricos de los alienígenas ancestrales son las técnicas avanzadas de cultivo y agricultura que poseían los sumerios. Esto es lo que les permitió, por primera vez en los registros de la historia humana, desarrollar la capacidad para "establecerse" en un área y abandonar la necesidad de estar en constante migración para encontrar comida, en otras palabras, las técnicas sumerias permitieron que la civilización dejara de ser nómada.

Además de ello, los arqueólogos de la era moderna no habían descifrado un texto antiguo que había sido descubierto en la vieja Mesopotamia hasta que Zecharia Sitchin, autor del infame libro "El 12avo planeta", descubrió lo que verdaderamente pondría en acción la revolución de los alienígenas ancestrales y causaría que muchas personas buscaran más información sobre la cultura Sumeria.

Entre muchas otras alucinantes afirmaciones, Sitchin logró ligar el complejo calendario de Stonehenge y las misteriosas ruinas de Tiahuanaco, en Perú, a la cultura sumeria y por ende, a los Nibiruanos quienes también son llamados Anunnaki (que significa "aquellos que vinieron a la tierra desde los cielos). Estos son los seres que Sitchin y muchos otros afirman insistentemente que no solo crearon la cultura Sumeria, sino que también crearon a los humanos genéticamente.

¿Por qué se cree que los humanos fueron creados?

. . .

Basándose en los mismos descubrimientos arqueológicos, artefactos, y registros recuperados, como lo han hecho los arqueólogos y lingüistas por más de doscientos años, Sitchin plantea – o comprueba, según la opinión del autor – que los Anunnaki, una civilización avanzada del décimo planeta de nuestro sistema solar, cayeron en el área alrededor del golfo persa hace alrededor de 432,000 años, y colonizaron nuestro planeta con el propósito de obtener grandes cantidades de oro y otros minerales preciosos.

Alrededor de 250,000 años atrás, según lo indican los documentos que han podido ser recuperados, los mineros de baja categoría pertenecientes la sociedad Anunnaki se rebelaron en contra de las condiciones bajo las cuales tenían que trabajar en las minas, y la dictadura Anunnaki decidió crear una criatura para tomar su lugar. Enki, su científico en jefe, y Ninhursag, su oficial de medicina en jefe, después de tener resultados insatisfactorios empalmando genes de animales y Homo Erectus, decidieron combinar sus propios genes con los de una muestra de Homo Erectus, y de esa forma nos crearon a nosotros, los Homo Sapiens, como una especial genéticamente bicameral, con el único propósito de que funcionáramos como sus esclavos. Gracias a que éramos híbridos, no éramos capaces de procrear. La demanda por trabajadores homo sapiens creció a tal cantidad que finalmente fuimos genéticamente modificados para tener la capacidad de reproducirnos.

Eventualmente, los números de habitantes homo sapiens crecieron a tal grado que algunos tuvimos que ser expulsados de las ciudades centrales de los Anunnaki, y gradualmente nos fuimos repartiendo a lo largo del planeta.

Habiéndonos convertido en un ganado genéticamente estable que se desarrollaba a una velocidad que, quizá, los Anunnaki no habían anticipado, los Anunnaki comenzaron a tener interés romántico en los Homo Sapiens, y esto resultó una descendencia mestiza provenientes de estas uniones.

Esto era mal visto por la mayoría del consejo superior de los Anunnaki y se decidió eliminar a la población humana usando una gran inundación que fue predicha cuando Nibiru, el décimo planeta en nuestro sistema solar y hogar original de los Anunnaki, atravesó nuestro sistema solar de nuevo (hace alrededor de 12,5000 años) en uno de sus regresos periódicos que tomaban 3600 años. Algunos humanos fueron salvados gracias a acciones del oficial Anunnaki, Enki, quien había desarrollado una empatía con los humanos que había creado genéticamente al principio.

. . .

Por miles de años, fuimos sus esclavos, sus trabajadores, sirvientes, y soldados en las batallas políticas que tenían entre sus propias facciones. Los Anunnaki nos usaron para la construcción de sus palacios (en la actualidad, proyectamos retroactivamente la noción religiosa de un templo como los suyos), sus ciudades, sus complejos de minería y refinería, y sus instalaciones astronómicas en todos los continentes. Se expandieron desde Mesopotamia a Egipto, a India, y posteriormente a América del sur y central, y la marca de su presencia puede ser encontrada hasta en los rincones más apartados del planeta.

Hace alrededor de 6,000 años, comenzaron a gradualmente concederle a los humanos su independencia, probablemente gracias a saber que pronto serían borrados del planeta.

Sumeria, una civilización humana, que era increíble por su "repentino" carácter maduro y avanzado, se instaló bajo su tutelaje en Mesopotamia. Los reyes humanos fueron establecidos como los "mandos medios" y representantes de poblaciones humanas que obedecían a los Anunnaki. Una rama de los humanos, que habían sido genéticamente mejorados con genes Anunnaki prevalentes, inició una línea sanguínea de gobernantes con una tradición llamada "sirvientes del pueblo". Estos humanos designados se les enseñó sobre tecnología, matemáticas, astronomía, artes avanzadas, y modales de una sociedad avanzada y civilizada (en escuelas que ahora se llaman "escuelas misteriosas" aunque no había ningún misterio alrededor de ellas). Gardner ha iluminado el hecho de que existe una historia genética robusta, fuertemente documentada, y genealógica que se remonta hasta la era de los Anunnaki, y la cual es poseída por la tradición heterodoxa del cristianismo, por lo cual ha aparecido sólo recientemente sin la intimidación de la inquisición.

Pero ¿existe suficiente evidencia para comprobar la tesis de Sitchin? Un indicador clave DEL PARADIGMA DE Sitchin es la existencia, actual o pasada, del décimo planeta en nuestro sistema social, el planeta hogar de los Anunnaki con el tamaño, órbita, y características que describió, como Sitchin ha demostrado en el Enuma Elish y corroborado por Harrington, antiguo jefe del Observatorio Naval de los Estados Unidos, quien ahora está fallecido.

Tombaugh descubrió Plutón en 1930. Christie, del Observatorio Naval de los Estados Unidos, descubrió Caronte, la luna de Plutón, en 1978. Las características de Plutón derivadas de la naturaleza de Caronte demostraron que debe haber un planeta más grande que aún no se ha descubierto ya que Plutón no podría ser la causa de residuales, los "tambaleos" que se encuentran en los caminos orbitales de Urano y Neptuno son claramente identificables. El IRAS (Satélite Astronómico Infrarrojo), durante los años 1983 y 1984 produjo observaciones de un décimo planeta que era tan robusto que lo único que los otros astrónomos en el proyecto afirmaron que lo único que quedaba por hacer era nombrarlo, a partir de ese momento la información se tornó protegida.

En 1992 Harrington y Van Flandern del observatorio Naval, basándose en la información que tenían en el momento, publicaron sus descubrimientos y opiniones sobre que hay, en realidad, un décimo planeta, e incluso lo llamaron un planeta "intruso". La búsqueda se delimitó a los cielos del sur, bajo la eclíptica. Harrington invitó a Sitchin, ya que había leído su libro y traducciones del Enuma Elish, a una junta en su oficina y correlacionaron los descubrimientos actuales con los registros ancestrales de los sumerios.

Recuperaron un documento del Enuma Elish, una historia de la formación de nuestro sistema solar y otras cosas relacionadas a ello, este dice que, en el momento en el que Mercurio, Venus, Marte, Júpiter, Urano, y Saturno se encontraban en su lugar, existió un planeta del tamaño de Urano, llamado Tiamat, en órbita entre Marte y Júpiter. La Tierra aún no estaba en su lugar. Un planeta andante, llamado Nibiru, fue capturado en el sistema gravitacional.

Mientras pasa alrededor de los planetas externos causaba anomalías en sus lunas, la inclinación de Urano, y el desalojo de Plutón de ser una luna de Saturno a tener su propia órbita planetaria. Su camino se modificó por la fuerza gravitacional de planetas grandes, primero sus satélites chocaron con el gran planeta Tiamat y, en su segundo viaje orbital, Nibiru se estrelló con Tiamat, lo que llevó a su parte más grande a la órbita de la Tierra, para reformarse en lo que ahora conocemos como el planeta azul, y su fuerza arrastró a su luna para convertirse en nuestra luna con todas las anomalías que tiene actualmente. El residuo despedazado de la parte más pequeña de Tiamat se convirtió en el cinturón de asteroides, cometas, y meteoritos.

La gubia de nuestra cuenca pacífica es un increíble testimonio de esta colisión. Nibiru supuestamente adoptó una órbita elíptica retrograda por otros 3,600 años alrededor de nuestro sol, desde la región del cinturón de asteroides entre Marte y Júpiter en su perigeo y extendiéndose más allá de puto en su apogeo. Harrington reconoció que su información concordaba con todos estos pequeños detalles y que los trazos que habían dibujado de las órbitas eran casi indistinguibles.

La probable ubicación actual de Nibiru (Planeta X, el décimo planeta) que ambos estimaron era la misma.

Es la opinión de este autor y de otros, gracias a la evidencia que se obtuvo por el uso de Pioneer 10 y 11 y dos naves espaciales Voyager, el IRAS (Imagen satelital infrarroja, '83-'84) y las claras e inequívocas afirmaciones de Harrington durante su consulta con Sitchin, que la búsqueda ya ha sido completada, y en realidad el planeta ya se ha encontrado.

Los registros antiguos son muy claros. El paso del décimo planeta, Nibiru, una vez cada 3,600 años, a través del sistema solar interior afecta a la Tierra, a veces de maneras catastróficas.

También es una causa probable para el cambio de los polos, la reversión de los polos, y cambios en el movimiento de precesión, quizá incluso un bombardeo catastrófico causado por desechos espaciales del tamaño de un asteroide que cargue con él. Ya que pasa a través del área de cinturón de asteroides entre Marte y Júpiter y su camino orbital puede variar dependiendo de la posición de los otros planetas cuando esté pasando, puede que haya sido responsable por la devastación generada en Marte.

Sucesos Inexplicables

. . .

La evidencia tecnológica – Oopart es el término utilizado para describir los artefactos de tiempo, juguetes, herramientas, dispositivos técnicos, representaciones, y documentos supuestamente fuera de lugar que han sido encontrados a través de excavaciones arqueológicas o descubrimientos históricos. Casi todos están familiarizados, a través de publicaciones o documentales, con las baterías de barro que aún contienen electrodos y fueron encontrados en el desierto iraquí y que se remontan al año 2500 A.C, el modelo de avión de una tumba de las pirámides que era capaz de volar, la sofisticada maquinaria de piedra que requiere las técnicas más avanzadas que tenemos hoy en día, los bloques de piedra de 1000 toneladas cortados con precisión y usados como la base de un templo que ni siquiera nosotros podríamos manejar, un friso ancestral de un templo de Abidos con representaciones de cohetes, aviones, e incluso un helicóptero, etc.

El oopart más reciente e impresionante es el redescubrimiento de oro monoatómico realizado por David Hudson (Los monoatómicos son superconductores a temperatura ambiente, tienen propiedades anti gravitacionales y apenas se están empezando a investigar por la comunidad física más avanzada) el descubrimiento de Hudson, correlacionado con el descubrimiento que

Gardner sacó a la luz de una planta de procesamiento de oro oculta de los Anunnaki en el monte Horeb inicialmente descubierta por Sir Flinders Petrie en 1889 demuestra que los monoatómicos ya eran habían sido descubiertos al menos hace 3000 años.

Estos ooparts acoplados con evidencia de muchas disciplinas y los registros históricos que indican que una civilización avanzada existía en esos tiempos y que poseían una tecnología de alto rendimiento, y también que esa civilización era, en realidad, los Anunnaki.

Evidencia documentada – La evidencia histórica que ha sido registrada de la existencia y actos de los Anunnaki se ha vuelto gradualmente disponible para el público desde los inicios de los 1800s. La excavación de los sitios ancestrales de Mesopotamia sacó a relucir la increíblemente avanzada civilización Sumeria y, con ella, miles de tabletas de barro conteniendo no solo registros mundanos de comercio, matrimonios, acciones militares, y sistemas cálculos astronómicos avanzados, sino que también había registros de la propia historia Anunnaki. Es claro gracias a esos registros que los Sumerios sabían que estos alienígenas eran de carne y hueso.

. . .

Se descubrió que la biblioteca del gobernante, Asurbanipal, en Nínive se había destruido en un incendio y las tabletas de barro se habían preservado gracias al fuego, permitiéndonos leerlas en la modernidad. Uno de los descubrimientos más impresionantes, en la era moderna, ha sido una habitación sellada de nueve por seis pies en Sippar que alberga un conjunto de 400 elaboradas tabletas de barro, organizadas cuidadosamente en estantes, que describen un registro continuo de la historia de aquellos tiempos ancestrales, y funcionó como un tipo de cápsula temporal.

La evidencia es aparentemente tan robusta y exacta que, si no fuera por aquellos que tienen el suficiente poder para suprimirla, habría sido aceptada y generado un cambio en nuestra cosmovisión desde hace un siglo o más.

La evidencia genética – Los registros recuperados colocan la ubicación del laboratorio Anunnaki donde fueron creados los primeros humanos en África del Este, justo encima de sus minas de oro. Esto encaja precisamente en el mapa donde el ADN mitocondrial "en busca de Eva" ubica al primer Homo Sapiens femenino durante el mismo periodo.

(Los ingenieros de las minas de oro en África han encontrado minas de oro de 100,000 años de antigüedad en esa área.) Evidencia y descripciones de ingeniería genética avanzada se encuentran en los documentos ancestrales.

Nuestro rápido progreso desde la incepción hasta llegar Marte, después de solo 250,000 años, no es congruente con los usuales periodos de desarrollo evolutivo lento de casi millones de años que han tenido otras especies previas a la nuestra, como el Homo Erectus.

Objeciones científicas a la tesis – Los Anunnaki fueron descritos como seres cómodos con la gravedad de la Tierra y su atmósfera, y muy similares a los humanos en muchos sentidos, entonces, ¿cómo pudieron haber evolucionado en un planeta dentro de nuestro sistema solar cuyo apogeo lo lleva hasta las profundidades gélidas del espacio durante mucho de su recorrido orbital?

Los registros ancestrales repetidamente describen Nibiru como un planeta "radiante". Esto puede ser interpretado como un planeta que tenía una alta temperatura nucleica.

Aunque es controversial, existe también una opinión astrofísica de que un gran cuerpo en una órbita alargada constantemente tiende hacia una órbita circular y esto causa estrés en el cuerpo que podría generar una gran cantidad de calor. En hecho de que un planeta se encuentra gradualmente enfriándose, puede ser indicado por la interpretación que Sitchin obtuvo de la colonización de la Tierra (el planeta que contiene la mayor cantidad de oro identificable en nuestro sistema solar) con el propósito de obtener grandes cantidades de oro para la siembra molecular de su atmósfera con un escudo de oro reflejante. Aquí es pertinente mencionar la confiada afirmación que Harrington le ofreció a Sitchin diciendo que "un buen planeta que pudiera estar rodeado por gases probablemente tenga una atmósfera que pudiera soportar vida como el nuestro." Puede que el nivel de luz solar sea un poco diferente que el de la Tierra.

Los Anunnaki con frecuencia eran representados con algo similar a lentes de sol.

Sin embargo, si los Anunnaki evolucionaron en un planeta radicalmente diferente a la Tierra y bajo condiciones completamente distintas a las cuales debieron adaptarse, ¿cómo es que resultaron con una apariencia tan similar a la especie humana?

La respuesta de Sitchin está basada en el evento de colisión entre el planeta intruso, Nibiru, y el planeta

Tiamat, la parte residual que se regeneró para convertirse en la Tierra después de haber llegado a la órbita actual de nuestro planeta. Propone que ambos, o al menos uno de los, planetas que colisionaron estaba lo suficientemente desarrollarlo para permitir que compuestos orgánicos básicos evolucionaran, quizá incluso más allá que simple vida, la propagación cruzada de todo, desde aminoácidos hasta organismos más complejos o incluso organismos primitivos, podría ser causante de similitudes evolucionarias. Aunque el autor considera esta una hipótesis razonable, e incluso algo trivial, las civilizaciones más avanzadas podrían ser capaz de mezclar genomas extremadamente diferentes, incluso con bases radicalmente distintas, la teoría de la propagación cruzada puede justificar la relativamente facilidad con la cual los Anunnaki mezclaron sus genes con los genes de los Homo Erectus.

El nivel de habilidad de los Anunnaki, hace 200,000 años, queda firmemente evidenciado por el hecho registrado que, en las primeras pruebas, fueron capaces de cruzar genes animales con genes Homo Erectus exitosamente, y así obtuvieron híbridos vivientes, aunque finalmente no fueran un producto satisfactorio para sus fines, lo cual los llevó a modificar los genes de Homo Erectus con sus propios genes avanzados.

. . .

Si se estima que nuestro genoma es entre 98% y 99% similar al del chimpancé, ¿cómo puede haber una mezcla de genomas de Homo Erectus y Anunnaki? O ¿cómo se pudo introducir el código más avanzado en el menos avanzado sin ser detectado?

El autor sugiere que esta es una de las preguntas más importantes y que probablemente solo pueda ser respondida por genetistas con una mente lo suficientemente abierta para cuestionársela. La resolución a dicha pregunta debe seguramente proveernos de más pistas importantes.

Entonces, ¿consideras que es una posibilidad que procedamos de los Anunnaki o es solo otra teoría más?

El caso Roswell

Sin duda uno de los eventos extraterrestres que más ha sacudido a Estados Unidos e influenciado a una gran cantidad de teóricos extraterrestres ha sido el Caso Roswell.

. . .

El 8 de Julio de 1947 el oficial de comunicación de la base aérea del ejército estadounidense, ubicada a las afueras de Roswell, Nuevo México, anunció haber recuperado los restos de un platillo volador extraterrestre. Afirmó que el escuadrón de operaciones 509 había recuperado un OVNI, a lo que él se refirió como un "platillo volador" que parecía haberse estrellado en un rancho ubicado a los alrededores del condado.

Mac Brazel, un humilde granjero que manejaba un rancho en Nuevo México, dijo haber descubierto restos metálicos esparcidos a lo largo de su territorio; sin saber qué eran o a qué pertenecían, se le ocurrió la idea de que podían ser restos de algún tipo de experimento militar, por lo que decidió notificar a las autoridades de su condado.

Pasó poco tiempo antes de que el rumor comenzara a esparcirse e inevitablemente la noticia llegó a manos de la prensa local. El diario del condado, Roswell Daily Record, publicó una nota titulada "Las fuerzas aéreas capturan un platillo volador en un rancho de Roswell" donde describía con aterrorizante detalle las características de dicho objeto: con la circunferencia del tamaño de una mesa, rodeado de caucho gris esparcido, grandes cantidades de papel de plata, cintas adhesivas con diseños florales, y varillas de madera.

. . .

Sin embargo, el verdadero misterio no comienza sino hasta un día después, cuando el Roswell Daily Record publicó una segunda nota donde aseguraba que el general Ramey, de la base militar de Fort Worth en Texas, había desmentido la presencia de un platillo volador, afirmando que solo se trataba de los restos de un globo meteorológico que había perdido su rumbo aéreo y tenido un mal funcionamiento.

Satisfechos con la explicación, el público dejó de lado esta misteriosa colisión, y rápidamente el evento cayó en el olvido. Fue de esta forma hasta 1978, cuando los investigadores Stanton T. Friedman y William K. Moore se encontraron, en su reunión tuvieron la oportunidad de comparar los resultados de las entrevistas que habían llevado a cabo individualmente cuando primeramente surgió el misterio del caso Roswell. Con estos resultados, concluyeron que la teoría del globo era poco plausible, y afirmaban que existía la posibilidad de que los restos encontrados fueran, como se había mencionado en un inicio, restos generados por un accidente de una nave alienígena.

La evidencia que habían recopilado los investigadores estaba basada únicamente en testigos indirectos del evento y, aunque el testigo principal, Mac Brazel, también ofreció su testimonio, algunos expertos afirman que este se contradice repetidas veces durante su historia. También se afirma que la diferencia entre las primeras entrevistas y la ronda de corroboración que realizaron años después afectaba la credibilidad de los testigos, ya que estaban siendo cuestionados sobre un evento que habían vivido hacía más de treinta años.

Sin embargo, el misterio de Roswell no termina con los esfuerzos de estos investigadores. Edgar Mitchell, astronauta tripulante del Apolo 14, dio un paso al frente para afirmar que lo sucedido en Roswell fue, en efecto, un evento relacionado con seres no terrestres. Él afirma haber tenido acceso a los expedientes secretos militares donde se habían registrado los contactos que el gobierno había tenido con seres y eventos de esta naturaleza. Aún así Mitchell jamás fue capaz de proveer evidencia tangible que pudieran fundamentar sus afirmaciones, y se escudó bajo la aclaración que estaban bajo el control de una institución gubernamental descentralizada de la milicia quienes realizaban experimentos con esta tecnología, pero sus testimonios quedarán enterrados por el resto de la historia, debido a que falleció en 2016 sin haber podido corroborar la información que nos proporcionó.

La historia se torna un poco más confusa cuando en la época de los noventa surgió un nuevo interés por el caso

Roswell, entonces la milicia americana se dio la tarea de volver a desmentir a quienes aún perseguían sus misterios.

Lo curioso es que la historia oficial sobre el suceso cambió, los militares ya no afirmaban haber recuperado restos de un globo meteorológico, en su lugar revelaron que los restos en realidad se trataban de un experimento militar para espiar a militantes rusos denominado el "Proyecto Mogul".

Muchos se mantienen escépticos a esta explicación del gobierno, debido a que se ha comprobado que las pruebas del proyecto Mogul no empezaron sino hasta 1953 y los primeros registros del platillo volador de Roswell se dieron en 1947.

Según los informes desclasificados del gobierno, verdaderamente existió un programa de experimentos que involucraba globos meteorológicos como un instrumento para infiltrar líneas enemigas y encontrar la manera de arrojar ataques atómicos sin ser detectados desde la estratósfera. Lo aterrorizante de estos documentos es que revelaron haber usado prisioneros de guerra para realizar estos experimentos, en específico prisioneros japoneses de baja estatura que pudieran encajar en la canasta inferior del globo. El encubrimiento de este incidente se dio para ocultar los terribles e inhumanos tratos que se le daban a los prisioneros.

En abril del 2011, un agente del FBI desclasificó una serie de documentos que habían registrado la presencia de diferentes objetos voladores no identificados que no tenían relación alguna con el caso Roswell. Pau Ryan afirmó que un agente residente en Roswell le indicó que habían caído restos de varios platillos voladores y se habían repartido alrededor de Roswell. Un meteorólogo, el Dr. Lincoln La paz, llegó al área con el objetivo de investigar este fenómeno aéreo, se generó entonces un documento donde se registraba este avistamiento y otra ocasión donde un radar detectó tres objetos en años diferentes.

Esta historia ha inspirado incontables obras de ciencia ficción, y aunque los escépticos han aceptado la justificación oficial del gobierno, muchos otros consideran que esta solo fue uno de los muchos encubrimientos que ha realizado el gobierno sobre la vida extraterrestre. ¿Qué versión crees tú?

2

Las desapariciones más extrañas

LA MUERTE de Adolfo Hitler

Ha existido un gran misterio alrededor de la muerte de Adolfo Hitler por muchos años. Su régimen fue tan vasto e intenso que el público siempre encontró un lugar para las teorías conspirativas e historias ficticias para llenar los agujeros de la historia. Algunas de estas teorías son bastante prácticas, otras un tanto románticas, y un par más son absolutamente fantásticas. No importa lo que la gente crea, estos misterios propuestos siempre mantendrán la muerte de Hitler envuelta en misterio, desde la persona que afirma que escapó de las garras de la muerte, hasta aquel que afirma tuvo una muerte digna de los peores criminales de la historia.

. . .

¿Qué es lo que se cree?

Lenta pero seguramente las fuerzas del ejército rojo se movieron a través de Berlín en la primavera de 1945. El ejército alemán no tenía los recursos para detener a las tropas de Marshall Zhukov – los superaban 15 a 1, y la habilidad del ejército rojo para invocar armamento mecanizado parecía ser infinita. La cantidad de bajas militares y civiles en Berlín eran aterrorizantes. A pesar de esto, Adolfo Hitler se adhirió a su creencia de que el ejército alemán derrotaría los ocho escuadrones que Zhukov había desplegado en Berlín. Sus ayudantes observaban como hablaba sobre las grandiosas formaciones armadas alemanas que derrotarían a Zhukov en Berlín. En realidad, el ejército rojo se enfrentaba contra tropas exhaustas y, efectivamente, que estaban exprimiendo al máximo sus habilidades de batalla, las tropas Juveniles de Hitler armadas con tecnología antitanques, el panzerfaust, y los hombres ancianos que habían sido forzados a formar parte de la milicia civil y se esperaba que fueran la última línea de defensa.

Cualquier señal de rendición era castigada severamente por la SS. En el bulevar Kurfürstendamm, los escuadrones del SS le disparaban a cualquier inquilino que pusiera una bandera blanca en la fachada de su casa.

· · ·

Sucesos Inexplicables

Adolfo Hitler estaba establecido en su bunker bajo el edificio de la cancillería del Reich. A pesar de ser a prueba de bombas y contar con su propia planta de reciclaje de aire, el complejo había sido construido sin un sistema de comunicación apropiado.

La única manera en la que los oficiales podían saber sobre la extensión del movimiento del ejército rojo en Berlín era llamando a civiles al azar (sin saber siquiera si sus teléfonos funcionarían) para preguntar si el ejército rojo se encontraba en la vecindad de sus pueblos.

El ministro de propaganda, Joseph Goebbels, había llevado a su esposa y seis hijos a la aparente seguridad del búnker. El mayor Freytag, von Loringhoven, un oficial de asistencia en el bunker, describió a Fraulein Goebbels como "muy amanerado" aunque pensó que los niños se veían bastante tristes.

Los niños de la familia Goebbels fueron envenenados por sus padres dentro den bunker quienes, después, cometieron suicidio.

El 28 de abril Hitler recibió el reporte que Himmler, el oficial al mando del SS, había estado en contacto con los Aliados para discutir su rendición. Himmler había contactado al Conde Bernadette de la Cruz Roja de Suecia.

Adolfo Hitler siempre había considerado a Himmler como el más leal de sus hombres. Cuando recibió la confirmación de Reuter sobre la veracidad del reporte los testigos comentan que explotó en un ataque de ira. Acusó a un oficial de la SS que estaba dentro del bunker, Herman Fegelein, de saber sobre los planes de Himmler.

Fegelein admitió que sabía sobre ellos y, después de ser despojado de su rango y todas sus medallas, fue escoltado por guardias de la SS al jardín de la Cancillería del Reich para ser fusilado.

Alrededor de la medianoche del 28 de abril, Adolfo Hitler desposó a Eva Braun. La boda se realizó en la sala privada de Hitler. Un oficial Nazi de bajo rango que tenía la autoridad para realizar una bosa civil fue llevado hasta la sala por Goebbels. Eva Braun portó un vestido de seda negra para la ocasión. Para satisfacer los requisitos establecidos por el dictamen Nazi, el oficial a cargo del matrimonio tuvo que preguntarle a Hitler y a Eva Braun si eran de sangre Aria y si su linaje estaba limpio de enfermedades hereditarias. Joseph Goebbels y Martin Bomann firmaron el registro.

. . .

Después de la ceremonia, la pareja de recién casados recibió las felicitaciones de generales y otros integrantes en la sala de conferencias del bunker. Posteriormente, regresaron a la sala de Hitler para tomar el desayuno con champaña. Se les unieron Joseph y Magda Goebbels, Bormann, y por dos secretarias, Gerda Christian y Traudl Junge.

Hitler llevó a Junge a un lugar apartado para dictarle su última declaración política. Estaba llena de reproches hacia aquellos que lo habían traicionado; mencionó que la guerra había sido causada por intereses internacionales de los judíos, etc.

Hitler afirmó que, "a pesar de todos los contratiempos", la guerra "pasaría a la historia como una de las más gloriosas y heroicas manifestaciones de la voluntad de las personas por sobrevivir." La tarea de Junge finalizó alrededor de las 4 el domingo 29 de abril. Ese día Hitler había ordenado que cápsulas de cianuro, que tenía la intención de tomar, debían ser probadas primero en su perra, Blondi. La perra, compañera de juegos favorita para los niños de la familia Goebbels mientras estaban en el búnker, fue llevada al jardín de la Cancillería del Reich. Las cápsulas de cianuro fueron probadas, y así Blondi y sus cachorros fueron asesinados.

. . .

En la noche del 29 de abril, Hitler recibió noticias de Field Marshall Keitel que Berlín ya no recibiría tropas y que la ciudad se perdería ante los rusos. El general Weidling, a quien se le había dado la tarea de defender Berlín, creyó que sus hombres dejarían de pelear esa noche debido a que sus municiones se habían acabado.

Aunque existe poca duda de que Adolfo Hitler ya había decidido que el suicidio era su única salida, y también el de Eva Braun, es probable que estas dos piezas de información simplemente adelantaran la fecha del fatídico evento. Hitler también recibió la confirmación de que Mussolini había sido capturado en Italia, y que su cuerpo, junto con el de su amante, Clara Pettachi, había sido colgado de cabeza en una plaza central de Milán.

Por sobre todas las cosas, Adolfo Hitler decidió que tal humillación no le ocurriría a él, por lo que ordenó que su cuerpo debía ser incinerado.

El 30 de abril Hitler le dio instrucciones muy claras a su personal adjunto, Otto Gunsche, sobre que su cuerpo y el de su esposa debían ser incinerados. Después del almuerzo, tanto Hitler como Eva Hitler (como ella quería ser llamada) se encontraron con su círculo interno en el ante cuarto del bunker. Aquí Hitler se despidió. El área conocida como la parte baja del búnker fue despejada para permitirles tener privacidad. Sin embargo, se podían escuchar ruidos de fiesta en la cantina de la Cancillería del Reich. Los guardias de la SS tuvieron que ser mandados para calmar el alboroto.

Ninguno de los sobrevivientes del bunker escuchó el disparo que mató a Hitler. A las 15:15 del 30 de abril, Bormann, Goebbels, Heinz Linge, el valet de Hitler, Otto Gunsche y Artur Axmann, líder de la división Juvenil de Hitler, entraron a la sala del führer. Günsche y Linge envolvieron el cuerpo de Hitler en una sábana y lo cargaron hacia el jardín de la Cancillería del Reich. El cuerpo de Eva Braun también fue llevado a la superficie y postrado junto al de su esposo. Ambos cuerpos estaban colocados cerca de la salida del bunker. Los cadáveres fueron empapados de petróleo e incinerados. Tanto Bormann como Goebbels observaron esto. Posteriormente, Goebbels cometió suicidio.

Bormann desapareció y nunca encontraron su cuerpo, lo cual generó rumores de que de alguna forma había logrado llegar a Sudamérica.

. . .

El 2 de mayo hombres de la unidad de inteligencia del ejército rojo entraron al edificio de la Cancillería del Reich. Estos hombres encontraron el cuerpo de Goebbels y su esposa. Sin embargo, los hombres de SMERSH, la unidad de inteligencia rusa temida por el ejército rojo, sabían que Stalin estaba interesado en el cuerpo de Hitler y que no estaría feliz si no era encontrado. Los hombres de la unidad de inteligencia rusa también estaban consternados con respecto al paradero del cuerpo.

El ejército ruso presente en la cancillería eran liderados por el General Vadis. Su reporte le ha dado a historiadores una gran cantidad de información sobre lo que pasó inmediatamente después del suicidio de Hitler.

Moscú había declarado que el anuncio de la muerte de Hitler sólo era un truco. Encontrar su cuerpo también se había tornado en un problema político de gran escala. Vadis interrogó a muchos de los sobrevivientes del búnker que le fue posible y todos le dijeron lo mismo – Hitler se había suicidado. El búnker fue investigado en busca del cuerpo – una tarea difícil ya que el generador que proveía energía había fallado, pero no pudieron encontrar nada.

Debido a esto Stalin le ordenó a Beria, líder de la policía secreta, la NKVD, enviar a uno de los generales de la policía a Berlín. Este tenía instrucciones de reportarse con los oficiales de Moscú con mucha regularidad.

El 3 de mayo los cuerpos de los seis niños de la familia Goebbels fueron encontrados en sus camas. Sus rostros estaban tintados de azul – un indicador de intoxicación por cianuro. El vicealmirante Voss de la fuerza naval alemana los identificó. El mismo día, el cuerpo de un hombre había sido encontrado en el jardín de la cancillería. El cuerpo tenía un pequeño bigote y el pelo peinado hacia atrás. Sin embargo, también usaba calcetines zurcidos, y los oficiales de la unidad SMERSH decidieron que Adolfo Hitler jamás se atrevería a usar este tipo de prenda, lo que finalmente concluyó que ese cuerpo no era el suyo. Se desconoce la identidad del cadáver y la manera en la que este apareció en el jardín.

El 4 de mayo, los cuerpos de Hitler y Eva Braun fueron encontrados en el jardín de la Cancillería del Reich. Un operativo SMERSH vio parte de una sábana gris en el fondo de un cráter de bomba. El cráter se excavó más a profundidad y entonces se encontraron dos cuerpos y los cadáveres de un pastor alemán y un cachorro.

En las primeras horas del 5 de Mayo, los cuerpos fueron llevados a Buch en el noreste de Berlín, donde se localizaba uno de los cuarteles de la SMERSH. El secreto del descubrimiento se guardó con tanto recelo que ni siquiera Zhukov se había enterado del movimiento. Registros y revisiones dentales a profundidad fueron realizadas para probarle a Vadis que el cuerpo era en realidad el de Adolfo Hitler. El 7 de mayo se le informó a Moscú que el cuerpo de Hitler había sido encontrado. Desde ese instante, esa información se mantuvo bajo absoluto secreto.

En 1970, el Kremlin decidió deshacerse del cuerpo. Ellos afirman que fue enterrado debajo de un campo militar en Magdeburg. La SMERSH se había quedado con la mandíbula de Hitler que se usó en los chequeos dentales para la confirmación de su identidad. Esto fue confirmado por Yelena Rzhevskaya quien fue la intérprete que utilizó la SMERSH cuando el personal de cuidado dental de Hitler fue interrogado en Buch. La NKVD se había quedado con el cráneo de Hitler. Ambos se han encontrado en los archivos de Moscú encontrados recientemente. A mediados de los años 90, las autoridades rusas afirmaron que habían exhumado el cuerpo de Hitler del campo militar en Magdeburg, lo habían incinerado, y después habían tirado las cenizas en el sistema de drenaje.

Otras teorías: Hitler compró la luna – Si alguna vez te preguntas qué tienen en común un amante de las teorías conspirativas y aquellos que las crean, lo más probable es que llegues a una respuesta un tanto extraña – la luna.

La luna siempre ha tenido un rol principal en algunas de las principales teorías conspirativas que se han repartido a lo largo del internet, y se vuelve aún más prominente cuando hay una muerte involucrada en ella. Con respecto a Hitler, algunos teóricos dicen que la tecnología que poseía estaba adelantada a su época, incluso más que grandes instituciones de investigación como la NASA. Se rumora que había encontrado la forma de preparar un búnker secreto en la luna, y escapó a ella cuando las cosas se complicaron demasiado en la tierra; muy similar a la teoría de Elvis Presley y Michael Jackson, quienes se rumoran que también tienen una residencia en la luna.

Hitler se fue con los alienígenas grises al espacio – Esta es otra teoría moderadamente interesante sobre la vida y muerte de Hitler. Se dice que los alienígenas grises, una raza que se rumora ya ha logrado infiltrarse entre los humanos, se acercaron a Hitler para hacerle una propuesta que le daría el control del mundo, le ofrecieron avances tecnológicos y supremacía a cambio de una oportunidad de establecer una presencia legítima en la Tierra. Algunos teóricos están convencidos que cuando las fuerzas aliadas finalmente truncaron el plan Nazi de dominación mundial, Hitler huyó de la tierra junto con los alienígenas grises a un lugar desconocido del universo.

Hitler se clonó a sí mismo – Existe una teoría conspirativa que dice que Hitler consiguió hacer un clon de sí mismo con la ayuda de un científico loco llamado Josef Mengele.

Esta teoría ha ganado sustancia con la prueba tangible de que Hitler estaba bastante interesado en la biotecnología y le dio rienda suelta a sus investigadores para sus "experimentos médicos" que se hacían, claro está, con judíos desventurados. La teoría propone que el cuerpo encontrado en el búnker era solo uno de sus clones mientras que el verdadero Hitler se encontraba en una ubicación secreta durante la invasión de Berlín.

Hitler escapó a Argentina – Impulsada por el hecho de que muchos individuos de alto rango en el régimen Nazi sí escaparon hacia Argentina, incluyendo a Adolfo Eichmann y Josef Mengele, esta teoría nos propone que Hitler abordó el U-boat U977 y, junto con el U-Boat /530, departió en un viaje de Noruega al sur de Argentina que tomó dos meses y medio. Reportes de avistamientos de Hitler y Eva Braun en Argentina llegaron a las primeras planas de todo el mundo, lo cual llevó a que los Estados Unidos realizaran una investigación exhaustiva que concluyó en un reporte inconcluso de más de 700 páginas. Algunas personas creen que esta teoría es legítima y que Hitler, con su esposa, vivió felizmente en alguna hacienda escondida del país sudamericano.

Hitler huyó bajo tierra – Basada en el hecho de que Hitler estaba dentro de su bunker en Berlín durante los últimos bombardeos de los Aliados, parecía que el Führer solo tenía una ruta de escape: ¡Bajo tierra! Hitler planeó una ruta alternativa en caso de que fuera derrotado. Para él, rendirse no era una opción, y tampoco lo era el suicidio.

En su lugar, navegó a través de un túnel subterráneo hasta un lugar de despegue remoto, se subió a un avión no registrado, y voló hacia el polo sur. De ahí, entró en el agujero de la tierra localizado en el polo norte. Esta teoría se origina gracias a que muchos de los consejeros de Hitler – y probablemente hasta él mismo – creían que la tierra estaba hueca. Incluso los Nazis realizaron expediciones para explotar esta creencia para ventajas estratégicas durante la guerra. Algunos defensores de la teoría de la Tierra hueca aceptan este escenario de escape de Hitler como un hecho incuestionable.

Hitler murió de Parkinson – Algunos teóricos conspirativos nos alegran con una imagen donde Hitler fue finalmente reducido a un tembloroso, destrozado, destruido, y saqueado régimen Nazi gracias a que estaba afligido por la enfermedad de Parkinson durante los últimos días de su vida. Aunque se rumora que Hitler de verdad portaba esta enfermedad, era poco probable que haya muerto de ella, gracias al hecho de que la enfermedad de Parkinson no es mortal por sí sola, y mucho menos actúa así de rápido. Es un desorden degenerativo que afecta las habilidades motrices y del habla.

Hitler escapó a la Antártida – Esta es una de las teorías más fantásticas y completas. Se dice que los Nazis habían construido una base secreta en el polo sur desde 1930, antes de que empezara la guerra.

El gran almirante de la fuerza naval alemana Karl Dönitz afirmó en 1943: "La flota submarina alemana está orgullosa de haberle construido al Führer un Shangri-La en tierra en otro parte del mundo, una fortaleza impenetrable." Esto implica que Adolfo Hitler fue secretamente sacado de Alemania y asegurado en una base subterránea secreta en la Antártica que finalmente fue destruida por Inglaterra en 1950.

Hitler está en San Diego – Sun Tzu dijo una vez "mantén a tus amigos cerca y a tus enemigos más cerca" y su dicho encaja perfectamente en esta teoría. En lugar de pasar desapercibido, esta teoría nos lleva a creer que el régimen Nazi y Adolfo Hitler decidieron establecer una base en

San Diego, California, en los Estados Unidos dentro de un número de edificios interconectados que tomaban forma de una esvástica Nazi.

La noticia de su muerte sacudió el mundo y puso fin a una era de dolor y muerte, pero es cierto que cuesta aceptar que un hombre con el ego del tamaño del de Hitler pudiera simplemente arrojar su vida a la basura, entonces, ¿crees en alguna de estas teorías?

La desaparición de Madeleine McCann

En una sociedad donde cosas terribles como el tráfico de menores, prostitución infantil, y miles de niños abusados suceden todos los días pocas son las historias que pueden estremecer al mundo entero. Uno de los que ha podido tener a todos espectadores pegado a sus televisores fue sin duda el caso de la desaparición de la pequeña Madeleine McCann, de 3 años de edad, en Praia da luz, en el sur de Portugal.

La noche de 3 de mayo de 2007 los padres de la menor, Kate McCann, una médica general que trabajaba en Melton Mowbray, y Gerry McCann, un cardiólogo del hospital de Glenfield de Leicester, salieron a cenar con un grupo de amigos a un restaurante cercano al hotel donde se estaban hospedando, el resort Ocean Club, alrededor de las 8:30pm, dejando así a sus tres hijos solos en la villa. Madeleine McCann tenía dos hermanos, los gemelos Sean y Amelie, que eran un año menor que ella. Según afirma el matrimonio McCann el restaurante se encontraba solo a 100 metros del lugar, y debido a que el resort era tradicionalmente para familias sus compañeros también habían llevado a sus hijos. Entre todos los adultos presentes acordaron hacer una rotación durante la noche donde tomarían turnos para revisar que todos los niños se encontraban dormidos y a salvo.

Ninguno de los adultos reportó alguna incidencia extraña hasta que fue el turno de Kate McCann, la madre de Madeleine, quien durante su recorrido notó que Madeleine no estaba en su habitación. Alrededor de las 10:00 de la noche, según el testimonio de Kate, la puerta del armario y la ventana de la habitación estaban abiertas de par en par.

Después de buscar con desesperación en todos lados, Kate decidió llamar a la policía. Al llegar a la escena comenzaron a buscar dentro del resort con ayuda de los otros huéspedes, la búsqueda se extendió a los alrededores del resort cuando el interior no demostró rastro de la niña, y la búsqueda se alargó hasta el amanecer del día siguiente 4 de mayo. Los policías interrogaron a los huéspedes, y cuando la investigación no dio frutos se propuso la idea de que quizá había sido alguien ajeno al resort que no se había registrado para hospedarse. Al considerar esta posibilidad, se le notificó a la policía fronteriza y al personal del aeropuerto por la posibilidad de que el secuestrador intentara sacar a la niña del país. Voluntarios de toda la ciudad, así como fuerzas policiacas a lo largo de todo el país se movilizaron y ofrecieron como voluntarios para apoyar a la búsqueda de la pequeña en los días posteriores a la desaparición.

Sin embargo, las pistas sobre el paradero de Madeleine escaseaban, aún con los esfuerzos conjuntos de autoridades y civiles no parecían haber indicadores claros de la ubicación, y ni siquiera un sospechoso principal que pudiera haber realizado el crimen.

Un lado un poco más positivo indicaba que la falta de evidencia también era una señal de la cual alegrarse, según las fuerzas policiacas eso podría ser una indicación de que Madeleine seguía viva y aún en el territorio de Portugal.

Posteriormente, el 26 de mayo, la policía publicó en los medios de comunicación la descripción de un hombre que supuestamente había sido visto en la noche de la desaparición de Madeleine, pero esta pista no dio resultados muy favorables.

La policía estaba pasando por un momento duro para intentar juntar las pruebas y pistas que pudieran llevar a la ubicación de la pequeña. Durante una rueda de prensa uno de los jefes de la división policial de Portugal atestiguó que la escena del crimen había sido importantemente disrumpida antes de que la policía hubiera tenido la oportunidad de examinarla, por lo que muchas pistas importantes pudieron haber sido perdidas o incluso intencionalmente destruidas.

No fue hasta julio de ese mismo año que el problema se convirtió en un caso internacional. La policía británica, país de origen de los McCann, colocó a una unidad canina en el caso. El escuadrón fue trasladado hasta Portugal para ayudar a las fuerzas policiacas. Con la ayuda de los perros de búsqueda se realizaron inspecciones al apartamento que habían rentado los McCann, la villa 5A.

Los resultados de esta investigación pusieron al caso bajo una luz completamente diferente. En el reporte oficial de la policía británica se reportó que los rastreadores habían encontrado restos de sangre y fluidos en las paredes de la habitación de los McCann, así como también en el coche que habían alquilado al llegar a Portugal incluyendo rastros de fibra capilar en el maletero. Después de estudiar esta nueva evidencia, se encontró que dichos rastros demostraban el uso de un sedante en la pequeña Madeleine. Finalmente, en agosto del mismo año, 100 días después de que la menor hubiera desaparecido, la policía declaró públicamente que las posibilidades de encontrar a la niña con vida eran escasas.

Las fuerzas policiales de Portugal fueron fuertemente criticadas en los medios ingleses, se les acusaba de ineptitud y negligencia hasta en los procedimientos más simples de investigación forense, desde no recolectar la evidencia apropiadamente hasta ser incapaces de asegurar la escena del crimen y tomar testimonios hasta horas después de la desaparición de la víctima.

Posibles sospechosos, los McCann – El 7 de mayo de 2007 la policía portuguesa oficialmente declaró a Kate y Gerry McCann como sospechosos de la desaparición y posible asesinato de su hija Madeleine.

En el reporte inicial de la policía portuguesa el oficial a cargo de la recopilación de testimonios había notado que los testimonios de los McCann, así como los de los amigos que los acompañaron a cenar, estaban llenos de contradicciones. Una de las más conocidas y que desató mayor cantidad de sospecha fue la afirmación de Kate asegurando que el crimen había sucedido a las 9:30pm, mientras que Gerry afirmaba que él había visitado la habitación de su pequeña a esa misma hora y todos los niños se encontraban con bien.

En el testimonio inicial de Kate McCann, ella afirma que las ventanas y la puerta del armario del cuarto de su hija estaban abiertas de par en par cuando llegó a la escena, sin embargo, forenses de la policía portuguesa aseguraron que esto no podía ser posible después de que analizaran la escena con cuidado. Con estas contradicciones añadidas a la evidencia encontrada por el escuadrón canino de la policía británica, los investigadores tenían motivos para sospechar que el supuesto rapto era en realidad un accidente familiar que había tenido un resultado macabro.

El estatus de "sospechoso", bajo las leyes de investigación policial y migración de Portugal, no representa un impedimento para realizar viajes fuera del país en cuestión, así que, después de notificarle a los policías sobre su paradero, los McCann emprendieron su regreso a casa, a Inglaterra, pocos días después de que hubieran dejado de ser testigos y fueran considerados posibles sospechosos.

. . .

Esto llamó la atención de las autoridades, pero después de que el caso hubiera sido llevado a los tribunales los fiscales en turno decidieron que la evidencia recolectada no implicaba directamente a los McCann, y por ende no era suficiente para procesarlos por asesinato.

Casi un año después, el 19 de marzo de 2008, dos periódicos ingleses que habían publicado una nota implicando la responsabilidad de los padres en la desaparición y presunta muerte de la menor, emitieron una nueva nota donde se disculpaban por las afirmaciones hechas sobre el matrimonio, y cuatro meses después la policía portuguesa dejó de considerar a los McCann como posibles sospechosos a falta de evidencia.

Murat y Malinka – En los alrededores del resorte se encontraba la casa de una ciudadana británica que habitaba en Portugal de nombre Jennifer Murat. Durante la primera ronda de investigaciones, el 14 de mayo del 2007, la interrogaron a ella y a su hijo Roberto Murat. Este hombre parecía tener un interés especial por el caso según antiguos compañeros de Murat, sin embargo, su explicación fue que el interés venía de una pérdida personal, recientemente había perdido la custodia de su hija, quien tenía un gran parecido con Madeleine.

. . .

El 15 de mayo Roberto Murat es declarado sospechoso.

Un día después, en el reporte policiaco, se publicó que dos coches pertenecientes a los Murat habían sido examinados además de sus computadores, teléfonos móviles, y cintas de video que fueron encontradas en su hogar. Además, se tomó el testimonio de un arquitecto inglés, que había estado involucrado en el diseño del chalé de los Murat, quien afirmaba que tenían un sótano oculto bajo la construcción. La policía hizo caso omiso de esta declaración a pesar de que quedó registrado en el reporte.

Otra parte importante de la investigación a Roberto fue la participación de Sergey Malinka, un hombre de origen ruso habitando en Portugal. Malinka había ayudado a Murat a publicar una página web, y ambos declararon haber intercambiado llamadas telefónicas para discutir el caso de la pequeña Madeleine. Aunque las evidencias no eran suficientes para arrestar o retener a Malinka, los oficiales notaron que había ciertas contradicciones entre su declaración y la evidencia, por ejemplo, él afirmaba no haber tenido contacto con Roberto por aproximadamente un año, pero sus registros telefónicos muestran una llamada de Murat a las 23:40 pm la noche de la desaparición.

. . .

El foco en Murat como sospechoso seguía brillando, por lo cual la policía portuguesa decidió viajar a Inglaterra para interrogar a la esposa de Murat, Dawn Murat.

Además, realizaron una segunda interrogación a los amigos de los McCann que cenaban con ellos la noche del crimen, una discrepancia importante en las declaraciones fue que Murat afirmaba haber pasado toda la noche en casa, mientras que los amigos de Kate y Gerry declararon haberlo visto en las afueras del resort esa noche. Jennifer Murat, su madre, corroboró su coartada. A pesar de tener poca evidencia, fue mandado un escuadrón de búsqueda con equipo de alta tecnología a examinar por segunda vez su propiedad. Sin embargo, la investigación no resultó fructífera y el estatus de sospechoso fue removido de ambos hombres.

Un preso alemán – Más recientemente, Christian B, cuyo nombre fue protegido por las autoridades alemanas, es uno de los sospechosos favoritos de las autoridades. En diciembre de 2019 Christian B fue encarcelado y sentenciado a 7 años de prisión en Alemania por un cargo de violación. El recluso había amordazado y atado a una mujer estadounidense de 72 años antes de violarla en su habitación y obligarla a entregarle dinero en efectivo, este crimen se llevó a cabo en 2005 en Portugal donde, según afirma la policía alemana, el joven Christian había vivido por casi doce años entre 1995 y 2007. Esta declaración, además de haber sido investigado previamente por la desaparición de Inga, una niña alemana que despareció de una fiesta familiar en Sajonia, el 2 de mayo de 2015, y que nunca fue encontrada, puso en alerta a las autoridades y la investigación se abrió una vez más, esta vez en un esfuerzo conjunto entre las instituciones policiacas de Portugal y Alemania.

Al ahondar un poco más en los registros de Christian pudieron encontrar información sobre su pasado. El ahora recluso tenía un total de 17 condenas por robo, falsificación, tráfico de drogas, armas de fuego, violación, e incluso abuso sexual de menores. En 1994 el tribunal de Würzburg lo condenó a prisión por el abuso de un menor, pero al él mismo ser menor de edad, tenía 17 años, la condena fue solo de 2 años, y en 2015 se mudó al sur de Portugal con su novia.

Otro tipo de evidencia, como la llamada telefónica que realizó en Praia da Luz a las 7pm y lo coloca en los alrededores de la villa la noche del rapto, es lo que mantiene a las autoridades en alerta. Sin embargo, el departamento de policía de Inglaterra afirmó que solo serían capaces de financiar la investigación hasta finales de 2020, debido a que la inversión hecha por el estado únicamente en la búsqueda de Madeleine había superado los 14 millones de dólares.

Mientras tanto el público ha tenido la oportunidad de sacar sus propias conclusiones, algunos afirman que fueron los padres, mientras que otros le atribuyen el acto a redes de tráficos de menores, y otros incluso afirman que Madeleine puede seguir viva. ¿Qué crees tú?

3

Las tradiciones y costumbres más bizarras

Kanamara Matsuri

El primer domingo de abril de cada año se celebra uno de los festivales más bizarros de la era moderna que se conoce como el Kanamara Matsuri, en el santuario de Kanayama, en Japón. El kanamara matsuri o "festival del pene metálico" es una celebración de la religión sintoísta, una de las religiones más prominentes en japón de la mano del budismo, y festeja la fertilidad masculina. Se caracteriza por las peculiares esculturas metálicas con forma fálica, y la presencia de este mismo símbolo por todo el festival, incluidas decoraciones e incluso alimentos.

. . .

El pequeño santuario de Kanayama, organizador del festival y localizado en el distrito de Kawasaki, es el que resguarda la atracción principal del festival: el enorme pene del metal.

Este es un símbolo venerado por los asistentes del santuario, y representa la protección de los dioses y sus bendiciones para la prosperidad de la familia, los negocios, los nacimientos sanos y sin complicaciones, un matrimonio duradero, y la felicidad de las parejas casadas. En el pasado, este santuario se volvió popular entre las prostitutas, ellas asistían a rezar al templo y pedirles a los dioses protección en contra de enfermedades venéreas, como la sífilis que se esparcía rápidamente por el país, seguridad en sus labores, y que las librara de los embarazos no deseados.

La leyenda del demonio de las vaginas – Según cuenta la leyenda, en el antiguo Tokyo, Edo en su momento, vivía la hija de un hospedero cuya belleza podía cautivar a hombres y dioses por igual. Un demonio de dientes afilados quedó anonadado al verla por primera vez, y tomó la resolución de cortejarla y tentarla, sin embargo, esta mujer se mantuvo firme en su convicción y el demonio falló una y otra vez en seducirla a pesar de estar perdidamente enamorado de ella.

. . .

Poco después, el demonio que caminaba entre los humanos del pueblo escuchó un rumor sobre su amada doncella, su padre la había prometido a un hombre a quien desposaría al día siguiente.

En un ataque de celos e ira por perder a su amada, el demonio decidió escabullirse dentro de la casa del hospedero, arrastrándose hasta llegar a la habitación donde dormía la mujer. El demonio se introdujo en la cavidad vaginal de la joven doncella, causándole un estruendo que la despertó. De inmediato pudo comprender lo que había ocurrido, pero temerosa de lo que pudiera suceder decidió guardar silencio y continuar con su promesa de desposar al joven mozo.

Al día siguiente, la boda se celebró sin contratiempos, las familias estaban felices por los beneficios que traería la unión, y después de la ceremonia, como se acostumbraba, el novio tomó a la doncella y la llevó a sus aposentos para desvirgarla. Pero, al momento del coito, el hombre gritó y salió huyendo, diciendo que algo le había mordido el miembro. Según la historia, los dientes afilados del demonio que se había insertado en la cavidad de la mujer mordían y arrancaban los miembros viriles que se insertaran en ella para proteger la pureza de su amada hasta que él pudiera tenerla.

. . .

Destrozados por el rompimiento del matrimonio que dejaría una mancha en la reputación de su hija, sus padres le buscaron un nuevo prometido. Poco después la joven volvió a contraer matrimonio, sin embargo, el mismo suceso ocurrió y su nuevo marido decidió romper el compromiso.

Desesperada por la maldición que había recaído sobre ella, pero aún renuente a entregarse al demonio, la mujer tuvo la brillante idea de recurrir a un herrero, quien le sugirió que insertara algo que el demonio no pudiera morder. Entonces el herrero forjó un pene de metal. Al insertarlo en la mujer, el demonio intentó morder el falo y, al encontrarse con un material extremadamente duro, sus dientes se rompieron en pedazos y terminaron por caerse. Humillado, el demonio se vio forzado a salir de la mujer y retirarse a lamentar la pérdida de sus dientes.

Después de deshacerse de su maldición, la joven doncella contrajo matrimonio una vez más, esta vez con el herrero que la había ayudado a deshacerse del demonio. Según la historia, el herrero fue exitoso en desvirgar a la mujer, y el resto de su matrimonio lo vivieron felices por el resto de sus días.

. . .

Algunos creen que el demonio pudo haber sido un eufemismo para una enfermedad de transmisión sexual, y que de alguna forma el supuesto herrero pudo curarla. A pesar de que el atractivo principal son las esculturas y formas fálicas, el verdadero objetivo del festival es pedir por la prosperidad, fertilidad, y protección para las enfermedades venéreas como se hacía en la antigüedad. Aunque la mayoría de los asistentes tienden a ser extranjeros atraídos por el excentricismo de la celebración, también es común encontrar mujeres japonesas que se dediquen a algún giro sexual, quienes piden por su protección y buena salud en el año, y uno que otra pareja buscando la bendición de los dioses para poder comenzar una familia.

En años más recientes, este festival se ha convertido en un símbolo moderno de la comunidad LGBT, debido a que mundialmente existe una crisis te transmisión de SIDA en las comunidades gay y otras enfermedades de transmisión en el resto de las comunidades como la lesbiana, transexual, y bisexual. Este festival es sin fines de lucro, por lo que todas las ganancias generadas por las ventas de suvenires, alimentos, y juegos son donadas para la investigación y tratamiento del SIDA, una de las enfermedades de transmisión sexual más peligrosas y cuya cura aún no ha sido encontrada. ¿Irías a comprar paletas en forma de pene?

. . .

El pájaro y las abejas

El gran rito – Desde el principio de la historia que ha podido ser registrada, sabemos que en Mesopotamia y Caldea, la unión sagrada era vista como bendita y los practicantes proveían un servicio de diosas a las culturas de su sociedad. Los hombres iban al templo con una ofrenda y entonces solicitaban el servicio de una sacerdotisa de este. Su propósito era ganar un favor de la Diosa para que su esposa pudiera brindarle más hijos, o al menos más fertilidad para sus tierras, ganados de ovejas, vacas, o camellos.

Los mitos de los griegos más o menos están relacionados con la unión de deidades con humanos inferiores a los que reinan.

Los panteones griegos constantemente buscaban compañeros humanos cuyos hijos engendrados con frecuencia se volvían semi dioses venerados. Estos mitos tenían un lado positivo y otro negativo en sus historias. Por un lado, las uniones divinas eran vistas como regalos de los dioses y con frecuencia se tornaban en rituales. Eran experiencias honorables incluso si no resultaban en el engendro de un hijo, pero aún así se ganaba abundancia en los campos o ganados.

. . .

Por otro lado, algunas tribus como la samotracia, involucraron el sacrificio de hombres jóvenes en algún punto de su historia. Algunas sacerdotisas se acostaban con un hombre joven para asegurarse de resultar embarazadas, y cargaban un cuchillo muy afilado en forma de hoja con el cual tomaba la vida del hombre con quien se acostaba.

Sacrificar su vida aseguraría que su esencia fuera transferida a su útero.

Existe evidencia de la unión con la diosa en los tiempos bíblicos. Es defendido por algunos historiadores que el dios hebreo Yahveh era originalmente una deidad fálica. De hecho, es una creencia histórica aceptada que los hebreos no siempre fueron una sociedad monoteísta. Se levantaron pilares fálicos para adoración divina a lo largo de muchas villas hebreas antiguas, junto con las imágenes de la diosa Anat o Anath.

En muchos pasajes de la biblia queda en evidencia para nuestra interpretación la adoración de diosas. En jueces V, la canción de Débora es un ejemplo muy claro. La historia de Susana y los ancianos es otro ejemplo.

. . .

Si puedes encontrar una versión antigua de la biblia, puedes ver lugares destinados para rituales de adoración y la importancia de las mujeres como la Reina Éster que es otro símbolo representante de una diosa. Si lo lees desde la perspectiva del Gran Rito, se vuelve claro que esta reina también era una sacerdotisa de la Diosa. A lo largo de su reinado, su esposo, el rey, tenía que probar su virilidad y su derecho a reinar a su lado. Esta es una conexión muy clara entre los rituales tempranos del Gran Rito y la biblia. Y no olvidemos las canciones de Salomón, las cuales se han considerado unos de los más gloriosos poemas de amor que se hayan escrito.

Se cree que la biblia también provee uno de los ejemplos más grandes de reverencia entre lo divino y la copulación humana a través de la concepción de Jesús. Variantes antiguas de la biblia describen literalmente que "Dios se acostó con María y concibió un hijo". Esa traducción ha sido cambiada al paso de los años gracias a los franceses y el primer uso del término "concepción inmaculada" (que se refiere a sin pecado o mancha) en 1497.

El Gran rito es probablemente uno de los rituales paganos más conocidos o escuchados. Hoy en día es un rito de unión que le hace homenaje a la polaridad de los hombres y mujeres, diosas y dioses, y sacerdotes y sacerdotisas.

. . .

La polaridad existe en todas las cosas en la inmensidad del universo. El Gran Rito expresa los aspectos físicos, mentales, y espirituales de lo Divino a través de la unión astral entre hombre y mujer como representaciones del Dios y la Diosa. En otras palabras, la energía creada entre un hombre y una mujer durante el acto físico de la unión es una expresión de energía espiritual del Dios y la Diosa.

En ocasiones se ha utilizado como una iniciación a un convento (como las iniciaciones de 3er grado en las tradiciones Gardnerianas y Alexandrias). Representa el matrimonio interno del alma y espíritu, el ego y el ser. Es la puerta de entrada hacia convertirse en un ser completo. En este tipo de iniciaciones, el Rito es realizado entre el iniciante y la Suprema Sacerdotisa o Sacerdote. Esto era realizado "en token", que significa simbólicamente usar herramientas de ritos, como un atame insertado en un cáliz. O "en verdad", que era el acto físico.

Cuando el rito era realizado como una celebración de la nueva estación, con frecuencia era realizado en su forma "verdadera" o "en verdad" por una pareja que ya eran compañeros íntimos.

La demostración pública de la unión varía de tradición a tradición. Por ejemplo, una porción del ritual es llevado a cabo dentro de un círculo de ritual en frente del aquelarre, y la unión íntima era realizada en privado.

Indonesia – siete veces al año, en un día festivo denominado "pon", los indonesios hacen una peregrinación a una montaña sagrada en el Java para tener relaciones íntimas con otras personas diferentes a sus cónyuges. – si duermen con esa misma persona siete veces, se cree que sus deseos y bendiciones se harán realidad.

Haití – Durante el mes de Julio, a las orillas de las cascadas de Saut d'Eauone, uno puede atestiguar un ritual un tanto riesgoso. Practicantes de Voodoo hacen este viaje cada verano para adorar a la diosa del amor.

Imagínate un grupo de personas desnudas de pies a cabeza retorciéndose y untándose en lodo mezclado con la sangre de animales sacrificados – cabezas de vacas y cabras incluidas en el menjurje – Eso es lo que sucede en este festival.

Yanomamis – la tribu que se come a los muertos

. . .

Los Yanomamo (también referidos como "los hombres de los árboles" y "la tribu de los pies") obtuvieron su nombre de las villas construidas de "shabonos." En total, el número de los Yanomami se encuentra entre 200 y 250 mil que están ampliamente repartidas entre villas de los bosques tropicales del Amazonas, entre Venezuela y Brasil.

Los Yanomami se mueven continuamente, esto significa que son nómadas. Estas discrepancias de ubicación están motivadas por los cortos periodos de productividad que tienen sus cultivos. Sus casas tienen una forma cónica y viven en grupos de familias. La organización de las cabinas puede variar, y en numerosas ocasiones en lugar de formar un círculo forman una flecha. Las familias comparten con otras familias de la comunidad productos obtenidos de la caza, la pesca, o la cosecha (dentro de cada shabono coexisten varias familias como parte de una comunidad). Cuando se encuentran alrededor de la fogata que está localizada en el centro del shabono, comen, hablan, crean sus herramientas, explican sus historias, mitos, leyendas, y les enseñan a los niños sus tradiciones.

Las tribus tienen una relación muy cáustica, casi de guerra, entre ellas dentro de la junta – las guerras surgen típicamente como un resultado de la necesidad de recursos, especialmente las mujeres, y/o las malas vibras o magia negra de una tribu sobre otra.

Si un bebé muere en la villa, comúnmente se piensa que el chamán de una villa vecina (doctores en vudú, líder espiritual o político de una villa) realizó vudú malévolo ("Hekura") a la villa rival, lo cual llevó a que el alma del niño haya sido robada, e inevitablemente dicho niño haya muerto.

Una de las costumbres más peculiares y primitivas de este grupo étnico es la práctica del canibalismo endogámico como un ritual sagrado: el cuerpo de los fallecidos se incinera en una región remota y lejos de la villa (para no contaminar la villa o la comida que alberga) y entonces los huesos y cenizas sobrantes son pulverizados en un fino polvo que se mezcla en una bebida (con frecuencia jugo de plátano). La bebida se consume por los familiares del difunto. Esta ceremonia de "tomarse a los muertos" se considera una forma para que el alma difunta entre el cuerpo de sus descendientes vivientes, y de esta forma puede proveer fuerza espiritual y física para combatir los peligros de la jungla.

Aunque los Yanomamo son conocidos por ser endocaníbales (que escogen comer gente de su propia tribu) son un clan agresivo y violento que han tenido relaciones tumultuosas con cualquiera que perciban como "foráneo" de la tribu, o hacia completos extraños a la región. Cualquiera que sea clasificado como externo a la tribu es considerado subhumano.

Las mujeres con frecuencia son víctimas de abuso físico y la ira. Guerras entre villas son comunes, pero no afectan comúnmente a las mujeres. Cuando las tribus Yanomami pelean con y asaltan tribus cercanas, las mujeres de la villa son violadas, violentadas, y llevadas a su propia villa para formar parte de su tribu.

Durante los asaltos, los hombres Yanomami capturan y toman a otras mujeres para poder desposarlas. Las esposas son violentadas regularmente, para que se mantengan dóciles y leales a sus maridos. Los celos causan la mayoría de la violencia. Las mujeres son violentadas con bastones, palos, machetes, y otros objetos duros o afilados. Las quemaduras para "marcarlas" también son frecuentes, y simboliza la fortaleza y dominancia de un hombre sobre su esposa.

La controversia de la sangre yanomami – en 1967, miles de muestras de sangre fueron tomadas de los indios Yanomami en Brasil y Venezuela por investigadores norteamericanos.

Los investigadores, que eran liderados por el genetista James Neel y el antropólogo Napleon Chagnon, tenían la intención de que las muestras fueran utilizadas para investigación biomédica, pero tomaron las muestras sin el consentimiento de los Yanomami. Esta violación de la ética científica disparó un feroz debate internacional entre genetistas, antropólogos, e indios Yanomami que ha durado por más de cuarenta años.

Davi Kopenawa, chamán y vocero de los Yanomami, dijo que los científicos nunca especificaron cuál sería el uso de la sangre. Afirmó que "nadie imaginó que la sangre iba a ser mantenida en sus refrigeradores. Todos nos entristecimos cuando supimos que nuestra sangre y la sangre de nuestros ancestros difuntos estaba siendo preservada. La ciencia no es un dios que sabe lo que es mejor para todos. Los yanomamis somos los que sabemos si la investigación en realidad es buena para nuestra gente".

Los Yanomami han pasado años presionando para que la sangre se les sea devuelta, porque para ellos la preservación de la sangre de una persona fallecida es un sacrilegio. El mes de mayo del 2010 vio establecerse un punto de quiebre y momento histórico cuando se anunció que la sangre sería devuelta al Amazonas.

Amenazas recientes – más de 1000 mineros de oro están operando ilegalmente en tierra Yanomami, transmitiendo enfermedades mortales como la malaria y contaminando los ríos y bosques con mercurio. Rancheros de ganado vacuno están invadiendo y deforestando el borde este de su tierra.

La salud de los Yanomami está sufriendo y los cuidados médicos críticos no están llegando a ellos, especialmente en Venezuela.

Al día de hoy, muchas organizaciones sin fines de lucro están apoyando sus proyectos de salud y educación. También, liderando las campañas para la demarcación del territorio Yanomami.

Esperemos que esta tribu indígena con su propia y fascinante cultura y tradiciones también pueda sobrevivir por muchos años más.

4

Videntes y sus predicciones

BABA VANGA

Vangelia Pandeva Dimitrova, mejor conocida como Baba Vanga, nació en 1911 en la ciudad de Strumica en el actual territorio de Bulgaria, en ese tiempo ocupado por el imperio otomano. Nació como una bebé prematura que tuvo muchas complicaciones durante su nacimiento e incluso durante los primeros días de su vida, por tradición permaneció sin un nombre hasta que las parteras tuvieran la certeza de que iba a vivir, cuando finalmente lloró se le fue otorgado el nombre de Vangelia.

Su madre murió poco después de que su padre fuera reclutado por el ejército húngaro y mandado a luchar en la Primera Guerra Mundial, lo que dejó a la joven

Vangelia al cuidado de vecinos y amigos de la familia durante la mayor parte de su niñez.

Poco duró la emotiva reunión después que su padre regresó a Bulgaria, los serbios, quienes habían tomado posesión de la tierra, arrestaron a su padre gracias a su historial como activista pro-búlgaro y confiscaron todos sus bienes materiales y monetarios, dejando a Vanga, su apodo de cariño, en una extrema pobreza.

Según su testimonio, su camino hacia la videncia comenzó después de un terrible accidente. Mientras paseaba por los terrenos de su propiedad, que había recuperado después de que su padre saliera de prisión y volviera casarse, quedó atrapada en un torbellino y finalmente fue arrojada a uno de los campos vecinos. Cegada por el polvo y suciedad que se metieron en sus ojos, Vanga fue incapaz de regresar a su hogar por sí sola, al notar que no estaba, sus padres y vecinos emprendieron una búsqueda larga que finalmente resultó en su encuentro, pero para entonces su vista estaba demasiado llanada por la cantidad de basura que se había metido en sus ojos. A pesar de los esfuerzos médicos, los recursos monetarios de su familia solo se pudo llevar a cabo una operación que curaba las heridas superficiales de los ojos, lo cual finalmente la llevó a perder gradualmente la vista.

En 1925, Vanga se trasladó a una escuela para ciegos.

Aprendió el lenguaje braille, a tocar el piano, tejer, cocinar, y limpiar, pero cuando la nueva esposa de su padre falleció tuvo que volver a su ciudad natal para cuidar a sus hermanos menores.

Al seguir carentes de dinero, Vanga pasaba todo el día trabajando y reuniendo recursos para mantener a su familia.

No fue hasta mediados de la Segunda Guerra Mundial que Vanga comenzó a ser reconocida por sus habilidades curativas y de adivinación, de niña había aprendido cómo utilizar remedios herbolarios para curar. Creyentes de todos lados del país la buscaban en busca de respuestas sobre el paradero de sus familiares que habían sido mandados a luchar en la guerra. Tal era su popularidad que el 9 de abril de 1942 fue personalmente visitada por el zar búlgaro Boris III.

El 10 de mayo de 1942, a sus 31 años de edad, Vanga desposó a Dimitar Gushterov. Dimitar la había visitado antes para preguntar por pistas sobre los asesinos de su hermano, y Vanga prometió dárselas bajo la condición de que no buscara venganza sobre ellos. Después de su boda, los recién casados se mudaron a Petrich, donde Vanga comenzó a crecer en popularidad poco a poco.

Sus profecías para el 2021 – Muchas predicciones se le atribuyen falsamente a Vanga, y algunos familiares han desmentido estas afirmaciones.

Por ejemplo, se le atribuía la predicción de una Tercera Guerra Mundial que comenzaría en noviembre del 2010 y duraría hasta octubre de 2014, sin embargo, testigos cercanos a ella tuvieron que intervenir para aclarar la afirmación, puesto que Vanga jamás había predicho una tercera guerra, y que en su opinión ella creía que no existiría tal guerra.

Aquellos que creen en su don creen que predijo su propia muerte. Según las fuentes, Vanga soñó con el día de su muerte, y dijo que este sería un 11 de agosto, y que sería enterrada un 13 de agosto. Unos días antes, también había dicho que, una vez que ella pasara a mejor vida, una niña ciega de 10 años en Francia heredaría el don con el cual había sido bendecida, y que el mundo escucharía de ella muy pronto.

También se afirma que en 1989 pudo predecir el ataque de las torres gemelas "¡Horror, horror! Los hermanos estadounidenses caerán después de ser atacados por los pájaros de acero. Los lobos aullarán en un arbusto, y la sangre inocente brotará." Este pasaje ha sido interpretado como los dos aviones que se estrellaron contra las torres del World Trade Center el 11 de septiembre del 2001. Otros videntes, como Nostradamus también tuvieron profecías similares.

Otra de sus visiones se estipula para el año 2021. "Muchas criaturas vivientes serán destruidas aquí.

No solo eso, sino que los que sobrevivan morirán de una enfermedad grave" La posible destrucción del océano que Vanga supuestamente predice en este pasaje llevará a grandes inundaciones a lo largo de todo el mundo que dejará muchas criaturas muertas, aunque no se especifica si humanas o marinas, y que aquellos que sobrevivan morirán de una grave enfermedad.

Algunos especulan que Baba estaba prediciendo la pandemia que se desató a principios del 2020, el COVID19, y que simplemente tuvo mal el año de su suceso, mientras que otros afirman que puede tratarse de una nueva amenaza aún nos descubierta o incluso la agudización de la pandemia del 2020. En adición, dijo que las repercusiones económicas de esta enfermedad llevarían a mucha gente a un estado crisis, los mercados caerían, y escasearía el dinero de forma global.

. . .

También indicó que Júpiter tendría un efecto gravitacional extraño o impropio de su comportamiento normal que llevará la atención de aquellos que estudian los cielos, y este se dará por una actividad sísmica y volcánica anormal en la Tierra.

Finalmente, en otras de sus predicciones, dijo que existiría una nueva gran potencia, y que circularía el dinero de color rojo.

Algunos creen que esta predicción hace referencia al gigante económico actual, la República Popular de China, debido a que su billete de 100 yuanes es de color rojo.

Para 2028, Vanga predijo que una nave espacial podría zarpar a investigar la superficie de Venus, y que en 2033 el hielo de los polos terminaría de derretirse por completo. Aún no se tiene confirmación de que estas últimas dos predicciones sean ciertas o sean oficialmente dichas por la misma Baba Vanga, sin embargo, pinta un panorama bastante interesante sobre lo que nos depara como sociedad y humanidad, ¿no crees?

Nostradamus y sus predicciones

. . .

Nostradamus fue un vidente francés que vivió en el siglo 16. Sus predicciones del futuro son unas de las más famosas en la historia y continúan siendo populares incluso en la actualidad. Con la excepción de los profetas bíblicos, sus visiones son considerablemente más conocidas de entre los muchos videntes que han existido a lo largo de los siglos pasados.

Nostradamus nació bajo el nombre de Michel de Nostredame al amanecer del siglo 16, hijo de un notario y un comerciante de granos. En sus años de adulto más tempranos, Nostradamus era un apotecario practicante.

Asistió a la escuela de medicina por un periodo de tiempo, pero fue expulsado cuando se descubrió su pasado como apotecario. Los siguientes años de su vida los pasó peleando contra la plaga en Francia e Italia.

Los días de estudiante de Nostradamus llegaron a un final repentino cuando una plaga viral se desató y arrasó con una gran parte del sur de Francia, lo cual causó el cierre de la Faculté de Médecine, junto con todas las otras escuelas en Montpellier. "La peste negra" fue tan devastadora que las compañías de entierros no podían mantener el ritmo para procesar todas las muertes. Los doctores que trataban a los pacientes intentaron protegerse con aceites especiales, ajo, guantes de algodón, y visores, pero no tuvieron un éxito con ello.

La plaga fue la primera de otras tres batallas similares a las que Nostradamus se enfrentó y de las cuales salió victorioso, y aún permanece como un misterio de dónde sacó la habilidad para lograr tal osadía. Como un valiente ángel de la misericordia, Nostradamus viajó hacia el campo, y recorrió los caminos del sur de Francia, Narbona, Bordeaux, Carcasona, Nimes, y Toulouse. A donde fuera que fuese la gente se recuperaba, y pronto lo conocieron como el hombre que podía curar la plaga, una tarea que había parecido imposible hasta el momento.

Todos los que escuchaban de este doctor milagroso, Michel de Nostredame, buscaba adquirir sus servicios, trabajó sin descanso durante el periodo de la plaga, que fue de cuatro años, y entonces se convirtió en una leyenda de su tiempo.

Gracias al cierre de la universidad, Nostradamus no tenía un diploma formal durante este periodo, el tiempo que se requería para el curso había sido interrumpido dos años después de que hubiera empezado sus estudios que debían ser de seis años. Se le permitió tomar su examen final gracias a su espectacular desempeño en el trabajo de campo durante los cuatro años de la plaga. Los exámenes fueron orales y públicos, presentados rápidamente por la facultad y el representante de la iglesia, fue un proceso arduo y largo que completó con excelencia. Después de esto, a Nostradamus se le otorgó formalmente el sombrero de cuatro puntas, la bata con ribetes de armiño, la pretina dorada, y el anillo de la hermandad de Hipócrates.

Como médico se especializó en la plaga, sobre la cual era reconocido como uno de los expertos más sobresalientes: sin embargo, en su escrito "traité des fardemens'" admite con franqueza que ninguno de sus antídotos realmente tenían mucho efecto en la enfermedad, - ni siquiera el sangrado que algunos comentaron que nunca usó.

También era un aclamado matemático y astrólogo. Durante su semi retiro en 1550 se adentró en la escritura.

Además de un libro de cocina muy popular (Tratado de cosméticos y conservas) y una cierta cantidad de escritos académicos, sus principales campos fueron la astrología (en la cual, al ser un doctor contemporáneo, ya estaba bien versado) y profecía. Esto lo llevó a las predicciones públicas, y se volvió particularmente influyente en la corte francesa.

También invirtió una gran cantidad en trabajos públicos locales – más notablemente en la irrigación de la vasta Plaine de la Crau que estaba justo al oeste de su ciudad natal adoptada de Slonde-Provence, un plan cuyos resultados (tales como los que tiene su casa en el pueblo) aún pueden ser apreciados hoy en día. Se casó dos veces, tuvo dos hijos con su primera esposa Henrrieta d'Encausse (los tres murieron) y seis con su segunda esposa.

En la segunda mitad de sus cuarentas, Michel de Nostredame cambió su nombre a Latin Nostradamus, y empezó a publicar tratados. Empezó a escribir almanaques anuales, que contenían entre ellos miles de profecías. Estos almanaques empezaron a tener un éxito comercial considerable, y esto llevó a muchos personajes distinguidos a solicitar consultas astrológicas individuales de parte de Nostradamus.

Decidió registrar sus predicciones. Estas están escritas en forma de cuartetos.

. . .

Ya que estos cuartetos están escritos de forma simbólica muchas personas tienen diferentes interpretaciones de ellos. La primera edición de su libro Les Prophesies (Las profecías) se publicó en el mismo año en el que murió.

Sus predicciones:

Los egipcios capturarían al rey de Persia en octubre de 1727: "El tercer clima incluido bajo Aries, el año 1727 en octubre, el rey de Persia capturado por aquellos que vienen de Egipto: conflicto, muerte, pérdida: gran vergüenza sobre la cruz. (3:77)".

Resultó que el sha de Persia (Ashraf hotaki) estuvo involucrado en una pelea en 1727, la cual ganó, lo que forzó un tratado de paz en septiembre de 1727. Sin embargo, se especula que un mes después, los escurridizos egipcios (los cuales no estaban involucrados en la guerra) se arrastraron por 1,000 millas hacia el centro de Hamadan, capturaron al rey, y lo regresaron antes del amanecer siguiente, lo cual cumplió la predicción de Nostradamus, y estas acciones se mantuvieron fuera de los libros de historia. ¿De qué otra forma se iba a volver realidad la predicción? ¡Sabemos que Nostradamus siempre está en lo correcto!

• • •

La muerte de Henry II: "El león más joven se sobrepondrá al más viejo, en el campo de batalla en una sola pelea, atravesará sus ojos por una jaula de oro, dos heridas vueltas una, y perece en una muerte cruel."

Lo que realmente ocurrió fue que, en el verano de 1559, el rey Henry II de Francia (el mayor) se alineó para combatir en una justa al Conde de Montgomery (el león más joven), quien era seis años más joven que él, en los campos de Francia (campo de batalla). Ambos tenían leones en sus escudos. En su último enfrentamiento la lanza de Montgomery se inclinó hacia arriba, y atravesó el visor del rey fragmentándolo en pedazos.

Dos de estos fragmentos, uno a través de su ojo (atravesará sus ojos por una jaula de oro), y uno por su sien, se insertaron en la cabeza del rey (dos heridas hechas una). Henry sufrió por 10 días (y perece en una muerte cruel) antes de morir en su cama.

El gran incendio de Londres: "La sangre de los justos será demandada en Londres, quemado por el fuego en el año '66, la dama ancestral caerá de su elevado lugar, y muchos de la misma secta serán asesinados"

. . .

El pequeño incendio que empezó en la panadería de Thomas Farriner en la calle Pudding el 2 de septiembre de 1666 (en el año '66) se tornó en una llamarada de tres días que consumió la ciudad entera.

Una de las explicaciones para la línea 'la sangre de los justos' es que se refería a los millones de ratas infestadas de pulgas que fueron asesinadas. Aunque las muertes de los pueblerinos no fueron registradas en este tiempo, se ha afirmado por mucho tiempo que al menos seis personas murieron en el fuego.

La revolución francesa: "De la población esclavizada, canciones, cánticos, y demandas, mientras los príncipes y señores yacen cautivos en prisiones, estas serán en el futuro lo que los idiotas sin cabeza, recibirán como rezos divinos."

En 1789, el pueblo francés decidió que había tenido suficiente de la lastimera aristocracia que los reinaba y rompieron en revueltas. Los pueblerinos (la población esclavizada) tomaron control de Paris y forzaron a los miembros de la realeza a satisfacer sus demandas. La aristocracia (príncipes y señores) fueron despojados de sus posiciones de poder y encarcelados en Bastillas (prisiones) y posteriormente decapitados en la guillotina (idiotas sin cabeza).

. . .

Hitler: "De las profundidades del oeste de Europa, un joven niño nacerá de personas pobres, cuya lengua seducirá a una gran tropa, su fama se incrementará hacia el reino del este, bestias enfurecidas por el hambre cruzarán los ríos, la mayoría del campo de batalla estará en contra de Hister. En una caja de hierro el gran individuo será removido, cuando el hijo de alemana no observe nada."

El 20 de abril de 1889 Hitler nació en el oeste de Europa en una familia muy pobre.

Esta profecía contiene otro de los muy famosos juegos de palabras usados por Nostradamus para disfrazar los hombres de personas famosas. Nostradamus ingeniosamente combina la palabra "Hitler" con "Ister" (Ister era el nombre en latín antiguo para el río Danubio) y así nos proveyó el nombre de Hitler y el lugar de su origen. Este cuarteto describe la invasión armada aliada hacia Alemania en la segunda guerra mundial, y las acciones de un lunático quien, como un niño terco, se rehusaba a escuchar los consejos de sus generales sobre rendirse. Hitler al final se suicidó después de dispararse en la cabeza. El cuerpo calcinado de su doble se dejó en el jardín de la cancillería para que lo encontraran los aliados.

Charles de Gaulle: "Hércules rey de Roma y de Annemark, liderará tres veces uno apellidado de Gaulle,

Italia y aquel de St. Mark temblarán, el primer monarca, renombrado por sobre todo".

Charles de Gaulle (apellidado de Gaulle), fue líder de Francia tres veces (tres veces liderará) primero como líder de las fuerzas francesas libres, como el primer ministro del gobierno posterior a la segunda guerra mundial, y como el primer presidente de la quinta república de Francia.

Bomba atómica: "Cerca de las puertas y entre dos ciudades, habrá azotes como nunca antes vistos, una plaga de hambruna, personas muertas por acero, suplicándole entre lágrimas al Dios inmortal para descansar".

A principios de agosto de 1945, los Estados Unidos arrojaron dos armas atómicas en la isla de Japón, entre Hiroshima y Nagasaki (entre dos ciudades). Un intenso sufrimiento invadió a aquellos que estuvieron presentes en la explosión, y aquellos que escaparon de la detonación tuvieron que sobreponerse a los devastadores efectos secundarios de una intoxicación por radiación, muchos agonizaron por meses antes de morir. (suplicándole entre lágrimas al Dios inmortal para descansar).

. . .

Los asesinatos de John F. Kennedy y Robert F. Kennedy: "El gran hombre será azotado en el día por un relámpago, un hecho maldito predicho por quien llevaba una petición, de acuerdo con la predicción, otro cae a la noche, conflicto en Reims, Londres y una pestilencia en la Toscana".

El gran John F. Kennedy (un gran hombre), recibió una gran cantidad de amenazas de muerte (peticiones) y fue asesinado con un disparo (relámpago) en la tarde del 22 de noviembre de 1963.

Bobby Kennedy fue asesinado poco después de la medianoche el 5 de junio de 1968 (otro cae a la media noche). Todo el mundo lamentó su muerte (conflictos en Reims, Londres).

La muerte de la princesa Diana: "Dios el último pero el primero el sobrenombre de Nostradamus de los 90, toma a la diosa de la luna por su día y movimiento, un viajero frenético y testigo de la ley de Dios, para despertar a las más grandes regiones ante la voluntad de Dios".

. . .

El 31 de agosto de 1997 la princesa Diana y Dodi Al-Fayed murieron en un accidente automovilístico en el túnel Pont de l'Alma en París.

El cuarteto descrito arriba es usado para resaltar la predicción de la muerte de la princesa Diana. Parece una conclusión cuestionable, pero te explicaré la lógica que se ha utilizado para validarla.

Los creyentes dicen que Diana es la princesa romana de la luna. También afirman que el sobrenombre del profeta es "seers" (palabra en inglés que también significa profeta). Rees (que es ser escrito al revés) es el nombre del único sobreviviente del accidente que tuvo la princesa Diana.

Seer (el sobrenombre que se le daba a Nostradamus) puede ser traducido como "Aquel que puede ver" y consideran que hace referencia a que él podía ver el futuro.

El verso de la cita descrita arriba es el 2:28, esto es usado como prueba de que Nostradamus sabía que sería asesinada en el día 31, y a pesar de que el número está un día equivocado, si sumamos 2 y 28 obtenemos el número 30.

. . .

La explosión del Challenger: "Del rebaño humano nueve serán enviados a lo lejos, separados del juicio y el consejo: su destino será sellado a la salida, Kappa, Thita, Lambda, desterrados muertos erran".

El 28 de junio de 1986 el transbordador espacial Challenger se hizo pedazos 73 segundos después de su despegue, y así matando a todos los astronautas que iban a bordo de él.

La causa del accidente fue un anillo-O defectuoso hecho por Thiokol y los creyentes de Nostradamus organizan las letras Kappa, Theta, y Lambda para que encajen con las primeras tres letras del nombre de la compañía. También ignoran el hecho de que en el accidente murieron siete, no nueve (nueve serán enviados a lo lejos).

Los atentados del 11 de septiembre de 2001: "Fuego estremecedor del centro de la tierra, causará tremores en la Nueva Ciudad, dos grandes rocas batallarán por mucho tiempo, luego Aretusa enrojará un nuevo río".

En la mañana del 11 de septiembre del año 2001, la dos torres (dos grandes rocas) del World Trade Center fueron atacadas en la ciudad de Nueva York (nueva ciudad). Este ha sido uno de los eventos más traumáticos y remarcados en la historia de los Estados Unidos de América, hubo cientos de muertos y más de dos mil muertos y alrededor de 25 mil heridos, entre ellos víctimas del atentado y héroes de rescate que acudieron a lidiar con la crisis que se desató por la destrucción.

Obama: "nacido de una familiar oscura y negra, de blanco y negro ambos entremezclados, el oscuro hace su tiempo, antes de que el imperio cambie."

"Nacido de una familia oscura" hace referencia a que no venía de una familia prominente de un linaje privilegiado.

Es casi una certeza de que Obama no tiene un linaje políticamente conectado; sus orígenes humildes han sido exhaustivamente registrados en sus biografías y documentales.

La palabra "oscura" también tiene una connotación de "no bien entendida" y esto se refiere a que muchos individuos han cuestionado la veracidad de sus palabras cuando se habla de su origen, "de blanco y negro ambos entremezclados" los padres de Obama eran una familia interracial, su madre era blanca y su padre era negro.

"El negro" A pesar de su dicotomía racial, si apariencia se inclina un poco más a su herencia negra, en lugar de su herencia blanca. "hace su tiempo" A Nostradamus le encantaba insertar juegos de palabras en sus escrituras. Esta en particular se interpreta como un juego de palabras con el nombre "Biden", haciendo referencia al senador Joseph Biden, aquel que Obama escogió como su vicepresidente.

Obviamente, Nostradamus no realizaba sus cuartetos en inglés, pero sus adherentes y expertos especifican que la palabra que usó no puede ser traducida de ninguna otra manera, y que se ha hecho de esa misma manera por siglos.

Esto es tomado como evidencia adicional de que la misma Divina Providencia que permitía que sus visiones proféticas pudieran ser válidas a través del tiempo fue la que nos otorgó la posibilidad de que este cuarteto pudiera predecir algo de nuestra era moderna. "Antes de que el imperio cambie".

. . .

No es ningún secreto que el expresidente George W. Bush con frecuencia es denominado un "presidente imperial", una alusión a su estilo de construcción de nación un tanto Napoleónica, además de que cooptó la constitución para fungir como un ejecutivo único. Por supuesto, Obama realizó un cambio de plataforma después de su mandato.

Osama Bin Laden, o quizá alguien más?: "Desde el país de la Gran arabia, nacerá un fuerte maestro de Mohammed, entrará a Europa usando un turbante azul, será el terror de la humanidad, nunca más horror."

De acuerdo a Nostradamus, los dos primeros anticristos eran extremadamente malignos, y la historia ha demostrado que esto es realidad; sin embargo, Nostradamus habla de un tercer anticristo que es más horrible que todos los otros combinados. Algunos han dicho que Sadam Hussein, el dictador de Irak (lo cual ya se ha probado falso), o incluso Osama Bin Laden. ¿Puede que él sea este malévolo tirano que Nostradamus menciona? Otros creen que aún no ha aparecido. ¿qué es lo que dice Nostradamus de este tercer anticristo? Primero que nada, nos dice que vendrá el medio oriente. Después, Nostradamus nos dice que un hombre de la Gran Arabia liderará sus fuerzas en una invasión a través de Europa. Esta invasión empezará una tercera guerra mundial que será mucho peor que las otras guerras puestas juntas. ¿Cuándo tomará lugar todo esto? En un cuarteto Nostradamus nos da una fecha exacta en la cual la guerra empezará.

"En el año 199 y siete meses, del cielo vendrá el gran rey del terror, traerá a la vida al rey de los mongoles, antes y después la guerra reina".

Nostradamus predijo que la guerra empezaría poco después del año 1999. Actualmente, según la prensa, nos encontramos a nivel mundial en una guerra contra el terrorismo. De esto cada uno puede interpretarlo como quiera.

También nos dice cuánto tiempo durará la guerra.

"La guerra durará siete y veinte años" Es decir, 27 años.

Nostradamus dice que la guerra será tan terrible que el mundo llegará a enfrentarse con la aniquilación total. Aquí, el infiere que la guerra podrá involucrar algún tipo de terrible armamento, posiblemente nuclear. Nostradamus también menciona cuál será el primer objetivo.

"El cielo arderá a cuarenta y cinco grados. El fuego se acerca a la gran ciudad nueva".

. . .

En esta frase, Nostradamus se refiere a una mayor ciudad en el nuevo mundo de América en alrededor 45 grados de latitud.

Los expertos concuerdan que esto solo puede ser Nueva York. Quizá te estés preguntando si estos cuartetos no pudieron simplemente haber predicho dos veces el terrible atentado del 11 de septiembre. Como siempre, tienes todo el derecho de interpretarlo de la manera en la que quieras.

Aunque es verdad que el cielo ardió a 45 grados, Nueva York no fue destruida, ni fue un atentado nuclear.

"Con fuego destruirá su ciudad, un corazón frío y cruel, sangre será derramada, nadie obtendrá misericordia."

Aunque las predicciones de Nostradamus para nuestro futuro suenan aterradoras. La exactitud y las fechas que nos proveyó no parecen concordar del todo. ¿Se están interpretando incorrectamente? O quizá son simplemente incorrectas. ¿aún estará por destruirse esta ciudad nueva a 45 grados? Realmente, también nos da un poco de esperanza al decirnos cómo terminará esta tercera guerra mundial. Dice que terminará como resultado de una alianza inesperada.

. . .

"Cuando aquellos del polo norte se unan, en el Este habrá gran miedo y terror, un día dos grandes líderes serán amigos, se verá el crecimiento de sus grandes poderes, la nueva tierra estará a la altura de su poder, al hombre de sangre se le reporta el número".

De nuevo, la nueva tierra era un término usado con frecuencia por Nostradamus para referirse a lo que ahora conocemos como América. Los países del polo norte pueden referirse a Rusia y Los Estados Unidos. Hemos visto la caída del comunismo en rusia y una amistad creciente entre este país y Estados Unidos quienes alguna vez fueron enemigos extremos. Quizá los dos países trabajarán juntos contra esta fuente del mal.

¿Un terremoto?: "el parque inclinado, gran calamidad, por las tierras del oeste y Lombardía, el fuego en el barco, plaga, y captividad, Mercurio en Sagitario, Saturno desvaneciéndose".

Según Nostradamus debe ocurrir un gran temblor (parque inclinado, gran calamidad) y así lo profesa en este cuarteto.

En el Nuevo Mundo (Las tierras del Oeste), por lo cual California sonaba como una opción lógica.

Sucesos Inexplicables

. . .

De acuerdo a los astrólogos (Mercury en Sagitario, Saturno desvaneciéndose) la vez que Mercurio estuvo en Sagitario y Saturno en una posición de "desvanecimiento" fue en noviembre 25 del 2015.

Aunque en esa fecha no se registró ningún terremoto, en ese mismo año se dieron dos devastadores temblores, uno en Chile y otro en Nepal. Ambos dejaron miles de muertos y muchos más desaparecidos.

2012: "El año 1999, séptimo mes, del cielo vendrá un gran rey del terror: a traer de regreso al rey de los mongoles, antes y después marte reinará por buena suerte".

Las predicciones mayas sobre el fin del mundo sin duda han sido una de las profecías más relevantes de nuestra era, sobre todo porque se decía que el conocimiento ancestral de la civilización había podido interpretar la venida del fin del mundo, la fecha descrita por los jeroglíficos mayas era 21 de diciembre del 2012. Sin embargo, se cree que la profecía estaba incorrectamente interpretada, los mayas anunciaron que en el 2012 sería el final de una era, lo cual probablemente se relacionaba con su propia organización espiritual que se basaba en los astros.

Nostradamus aclaró que sus profecías solo llegaban hasta el año 3797, entonces ¿el mundo terminará al final del siglo 38? Solo el tiempo, y unas cuantas más generaciones futuras, lo sabrán con certeza.

Una tercera guerra mundial: "Alrededor del año quinientos ochenta, habrá una era extraña, en el año setecientos tres (el cielo como testigo), varios reinos, uno a cinco, serán cambiados".

Se dice que todas las predicciones o profecías requieren que se le sume 325 a los números que fueron mencionados en el cuarteto. Siguiendo esta lógica llegamos a 1914 (325 + 1589), año de la Primera Guerra Mundial. Un año destructivo pero significativo. Después de realizar cálculos similares 1703 + 325 nos da 2028. Se cree que la guerra, la tercera guerra mundial, ha sido predicha para este año.

El fin del mundo en 7000 años: "I / 48, veinte años después de que el reinado de la luna haya pasado, siete mil años otro sostendrá su monarquía, cuando el sol continuará con sus días pasados, entonces se ha completado y finaliza mi profecía. X / 74 el año siete de el gran número es pasado, se verá el deporte del sacrificio fantasmal, no lejos de la gran era del milenio, que los enterrados saldrán de sus tumbas"

Estos versos hablan de la expansión del sol, el cual consumirá a la tierra en 7000 años.

5

Las teorías conspirativas más extrañas

El 9/11 fue planeado por George W. Bush

El ataque a las Torres gemelas del 11 de septiembre ha sido uno de los atentados terroristas más letales en la historia de Estados Unidos, y a pesar de haber miles de testigos que perdieron a sus familias, amigos, e incluso atestiguaron o registraron el momento del impacto para el pueblo americano aún quedan muchas dudas sin resolver.

Durante el décimo aniversario de la tragedia, la firma GFK NOP realizó un sondeo telefónico sobre la postura de la ciudadanía con respecto a los ataques, 15% de los encuestados estaban certeros de que el gobierno de Estados Unidos, que en ese momento estaba encabezado por George W. Bush, uno de los presidentes con el mandato más polémico del país, había tenido un rol o incluso había sido el principal facilitador para llevar a cabo los ataques.

¿Qué se cree que sucedió? Algunos cuestionan las habilidades del gobierno para reaccionar ante la inminente tragedia. A continuación, se responderán algunas de las preguntas que se realiza el pueblo americano y cuya respuesta podría implicar o excluir por completo la participación del gobierno.

¿Por qué no se interceptaron los aviones? – La fuerza aérea americana es probablemente una de las mejores armadas y capacitadas del mundo. A pesar de contar con tecnología de punta y personal capacitado para realizar maniobras y misiones para interceptar a los aviones que habían sido raptados por kamikazes radicales del grupo terrorista. Los teóricos conspirativos del 11 de septiembre proponen que el vicepresidente en turno, Dick Cheney, había dado una orden directa al general de la división para no desplegar a los cazadores durante la captura.

La versión oficial del gobierno fue que los terroristas llevaron a cabo técnicas de piratería aérea, y el transpondedor del avión fue desactivado o modificado para desaparecer de los radares estadounidenses. Para justificar su falta, el gobierno afirma que ese día se llevó a cabo un ejercicio de rutina y los pilotos responsables de pilotar los cazadores se encontraban involucrados en esta actividad. También comentan la falta de comunicación entre la administración federal de aviación y las fuerzas armadas, que generaron confusiones en los pilotos una vez que ya habían despegado, ya tarde, para realizar la caza.

Los partidarios de la teoría conspirativa argumentan que esta versión suena falsa, ya que deja en completa evidencia la ineptitud de las cabezas militares en ese momento, una negligencia de esa magnitud con los desastrosos resultados que generó debió haber tenido fuertes repercusiones en las carreras de los responsables, a pesar de ello no hay registro en los documentos militares de que haya habido alguna penalización o degradación de rango de ninguno de los oficiales involucrados. Además, lo que tiende a ser más difícil de explicar, es que un tercer avión se apartó de la ruta y se dirigió directamente al pentágono. Aunque la base Andrews se encontraba a pocos kilómetros de la locación y resguarda al Air Force One y dos escuadrones preparados de aviones F-16 y F-18, los aviones no fueron desplegados para interceptar.

Las torres no debían colapsar tan rápido − dos edificios de 110 pisos y 400 metros de altura, sus estructuras debían ser lo suficientemente estables para mantenerlas erguidas, el diseño y la construcción de estas fue un proyecto ambicioso en su tiempo. Aún así, fueron capaces de desmoronarse casi en su totalidad en menos de un minuto, incluso cuando el impacto de los aviones había sido en los pisos superiores.

Aquellos que defienden la participación del gobierno argumentan que esto se debió a que el derrumbe fue en realidad una demolición controlada.

La versión oficial del gobierno americano atribuyó el rápido desgaste al estruendoso impacto de los aviones Boeing 767, de las aeronaves comerciales más grandes, y a los derrames de gasolina aeronáutica que provocó incendios sobre las superficies de las torres y en pisos inferiores.

Los teóricos no están tan seguros. Según expertos, no debía existir suficiente combustible para generar un incendio lo suficientemente grande como para derribar toda la torre, ya que estas estaban compuestas de 47 pilares de soporte principal y estaban hechas principalmente de acero. También mencionan que el humo que provenía de las torres era de color negro, lo que indica una falta de oxígeno; afirmaron que este tipo de fuego es discreto y controlado, y en las fotografías que pudieron recuperar los incendios no son el primer plano de la catástrofe. Todos los documentos y registros en las torres, incluyendo los computadores, fueron destruidos en el accidente.

¿Quién se estrelló contra el pentágono? – Según los expertos y otros partidarios de la teoría conspirativa, el Boeing 757 era un avión de alta densidad que solo pilotos experimentados pueden pilotar con seguridad y destreza. ¿Cómo pudo un piloto novato hacer una maniobra lo suficientemente complicada como para desviarse de las torres y redirigirse al pentágono? La versión oficial afirma que la caja negra, además de otros escombros de la aeronave, fueron recuperados.

En los videos, según el gobierno, se pueden apreciar algunos de los escombros siendo removidos, además de que existen reportes forenses de los cuerpos identificados de las víctimas y los terroristas que iban a bordo de la aeronave.

Algunos tienen una idea un tanto distinta, por ejemplo, Thyerry Meyssan en su libro "la gran impostura" propone que no existe suficiente evidencia para justificar el choque de un Boeing 757 contra el edificio. La primera prueba, según el periodista, radica en la imagen del agujero que se creó como resultado del choque, según Meyssan, el hoyo es de un tamaño mucho menor al que hubiera generado un impacto con una aeronave de ese tipo. En los videos publicados por el gobierno de los Estados Unidos no se puede percibir la removición de asientos, fuselaje, ni otras piezas prominentes de una nave comercial.

Por otra parte, también se encuentra el cuestionamiento de la trayectoria y el tiempo de llegada, y se puede encontrar una contradicción con las declaraciones militares. Pasaron 40 minutos desde que se estrelló el primer avión hasta que el segundo pudo llegar a su objetivo, el pentágono, y según los informes del gobierno para este momento ya habían sido desplegados los cazadores, aunque estos hubieran llegado tarde al ataque de las torres ¿por qué no interceptaron al tercer avión? Esto ha llevado a algunos a creer que lo que impactó al pentágono fue en realidad un misil.

El fallido vuelo 93 – El vuelo 93, de la compañía aérea United Airlines, fue el único de los cuatro aviones secuestrados que no alcanzó su objetivo final. Se cree que pudo haber sido un misil el que lo derribó, y por ende las piezas fueron esparcidas a lo largo de una gran área de impacto, y es por ello que se registraron una gran cantidad de remanentes y escombros durante la búsqueda de la zona de impacto.

. . .

Sin embargo, la historia oficial descrita por la milicia fue que se logró recuperar la caja negra del avión y que además existen numerosas fotografías que muestran los escombros que lograron recuperarse en la zona de impacto. Durante el análisis de los registros de la caja, se demostró que existió una revuelta dentro de la aeronave de los pasajeros quienes valientemente intentaron recuperar el control y finalmente lograron desviar el curso del mismo. No existen registros militares que puedan comprobar que una orden fue dada a la fuerza aérea de derribar alguno de los aviones comerciales, lo cual por sí mismo levanta un par de sospechas.

El colapso de la torre 7 – Uno de los más grandes misterios del desastre ha sido el repentino, y aparentemente injustificado, colapso de la torre 7, el cual ocurrió en 2.25 segundos en caída libre aún cuando no había sido impactada por un avión. Aunque la versión oficial es que los incendios cercanos no pudieron ser controlados a tiempo, y eventualmente dañaron las estructuras del edificio y resultaron en su derrumbe.

El gobierno negó que hubiera presencia de explosivos cerca o dentro del edificio, aún así, los creyentes de esta teoría afirman que la razón de la velocidad de su derrumbe se debió a que fue otra explosión controlada la que finalmente la dejó en cenizas.

¿Está muerto Paul McCartney?

Durante el final de los años 60, existieron una serie de rumores que el miembro de la popular banda pop The Beatles, Paul McCartney, había muerto en un trágico accidente en 1966, y desde entonces había sido reemplazado con un talentoso doble llamado William Campbell. Estos rumores se habían originado de que los Beatles habían dejado de lado los tours en 1966, y sus portadas de álbumes y canciones tenían muchas "pistas" sobre la supuesta muerte del bajista.

¿Cómo murió supuestamente? – Si acomodamos las pistas que se dejaron en las canciones, películas, y portadas de álbum, los expertos en la conspiración han construido el siguiente escenario: Durante la madrugada del 9 de noviembre de 1966, Paul tuvo una discusión con sus compañeros en el estudio mientras grababan las canciones para su álbum "Sgt. Pepper's Lonely-Hearts Club Band". Se retiró del estudio después de hacer una rabieta poco antes de las 5 de mañana.

Mientras estaba manejando a casa de un amigo, Paul recogió a una viajera femenina en la carretera quien buscaba un aventón, llamada "Rita", quien no pudo controlar su emoción cuando se dio cuenta que estaba tras el volante. Se aventó para abrazar a Paul, lo que hizo que perdiera el control de su Aston Martin. Se estrelló contra una pared de piedra y se encendió en llamas, lo que los mató a ambos. Paul fue decapitado y completamente calcinado, lo cual volvía muy difícil el tener una identificación completa del cuerpo. Aunque no existe evidencia para respaldar la historia de un choque fatal o una conspiración, los rumores siguieron rondando.

¿Cuáles fueron las pistas?

Pistas musicales:

- **Sgt. Pepper's Lonely-Hearts Club Band**: Esta canción detalla la llegada de William Campbell; los Beatles están pretendiendo ser otra banda para revelar el engaño.
- **With a Little help from my friends**: La introducción anuncia a "Billy Shears" un juego de palabra que significa "Billy's here" (Billy está aquí) que se refiere a la llegada de William Campbell.
- **She's leaving home**: La primera línea "Wednesday Morning at five o'clock" (el

miércoles a las 5 de la mañana) indica la hora del accidente de Paul.

- **Lovely Rita**: Los detalles sobre Paul viendo a Rita, la viajera, que lo llevaron al accidente.
- **Good morning, Good morning**: Las frases "nothing to do to save his life" (nada que podamos hacer para salvar su vida), "and you're on your own you're in the street" (estás por tu cuenta, estás en la calle), "people running around it's 5 o'clock" (Las personas corren por doquier son las 5 de la mañana), y "seeing skirts you start to flirt, now you're in gear" (viendo las faldas comienzas a coquetear, ahora estás en movimiento) son detalles del impacto. Incluso que puede notar que al momento del impacto es similar al de "She's leaving home"
- **A day in the life**: La personas sobre la que John escribió en estas famosas líneas se estipula que es Tara Browne, la heredera a la fortuna Guinness. Pero los que defienden la muerte de Paul ven estas líneas musicales como el tesoro escondido de los detalles sobre el accidente, incluyendo "He blew his mind in the car. He didn't notice that the lights had changed. A crowd of people stood and stared. They'd seen his face before…" (Voló su cabeza en el carro. No notó que las luces habían cambiado. Un grupo de personas se

detuvieron a observar. Habían visto su rostro antes…)

- **Fool on the hill**: El fool (tonto) aparentemente es Campbell, quien está destinado a ser ignorado por "the sound he appears to make" (los sonidos que simula hacer). O el tonto es Paul, quien está muerto y enterrado, por lo cual se encuentra "perfectly still" (completamente quieto)
- **I am the warlus**: Esta canción utiliza una grabación de la producción de la BBC de El rey Lear, por William Shakespeare. El pasaje utilizado dice lo siguiente: Esclavo, me has matado. Villano, toma mi bolso. Si alguna vez prosperas, entierra mi cuerpo, y da las cartas que encontraste sobre mí a Edmund, Conde de Gloucester. Búscalo. Al partido inglés ¡que le caiga la muerte! ¡Muerte! Te conozco bien: un villano servicial. Obediente a los vicios de tu amante. Como el mal lo desearía. ¿qué? ¿Está muerto? Siéntate padre, descansa. – El cántico al final, cuando se escucha al reverso, revela la frase "¡Paul está muerto! ¡Ja Ja¡
- **Strawberry fields forever**: Al final de la canción, cuando se desvanece, se escucha a John decir "Yo enterré a Paul" (John en realidad dice "cranberry sauce" y esto fue probado en las tomas de antología)

- **Hello goodbye**: "Tú dices adiós, yo digo hola" es la mención de Campbell sobre su llegada y la salida de Paul.
- **All you need is love**: Al final de la canción, John canta "Sí, él está muerto" y "sí, te amamos, yeah, yeah, yeah" (Una examinación del audio probó que John está cantando "yesterday" y que Paul se le uni cantando "She loves you, yeah, yeah, yeah oh she'd love to, yeah, yeah, yeah")
- **Glass onion**: "Here's another clue for you all, the Walrus was Paul" (Aquí les dejo otra pista, Paul era la morsa) La morsa en la India es un símbolo de la muerte (aunque esto se ha probado falso) una cebolla de cristal (el título de la canción) es un eufemismo en inglés para un ataúd transparente (esto tampoco es cierto).
- **While my guitar gently weeps**: George canta "Paul, Paul, Paul" al final de la canción (se comprobó que en realidad solo gemía)
- **I'm so tired**: Las palabras indistinguibles al final, cuando se escucha al revés, se escucha "Paul is dead, man, miss him, miss him."
- **Don't pass me by**: Ringo canta "Estuviste en un accidente de auto / y perdiste tu cabello" Lo cual se rumora fue lo que le sucedió a Paul.
- **Revolution #9:** La repetida frase "number nine" cuando se escucha al revés, se convierte

"traicióname, hombre muerto" También hay cierta cantidad de una conversación grabada en esta canción sin música, y mucha de ella se ha tomado por los fans como pistas sobre el accidente y muerte de Paul: "su voz estaba baja y sus ojos altos, y sus ojos estaban cerrados" y "sus piernas se habían retractado, sus manos estaban amarradas, sus pies estaba doblados, y su cabeza estaba incendiándose, y sus lentes enloquecieron. Este fue el final de su audiencia." Y "Mis alas están rotas y también lo está mi cabello. No estoy de humor para usar ropa" También puedes escuchar el choche, un incendio, sirenas, y Paul gritando "sáquenme de aquí".

- **Only a Northern song:** Escrita por George refiriéndose a la compañía disquera de la banda, Northern Songs, esta canción contiene varias letras que hacen referencia a la reposición de Paul, tal como "cuando estás escuchando por la noche, puedes pensar que la banda no está del todo correcta" y "puedes creer que la banda es un poco oscura y fuera de tono" antes de anunciar "No hay nadie ahí"

- **Hey bulldog:** Aunque esta es una canción de John, tanto John como Paul cantan las líneas principales, por lo que la línea "Crees que me conoces, pero no tienes una idea" alzó sospechas entre los creyentes de la conspiración.

- **Come together:** "uno y uno y uno es tres" se refiere a los tres Beatles que quedaron.
- **Let it be:** La frase "let it be" escuchado al revés se convierte en "él está muerto".
- **Lady Madonna:** La línea "los periódicos del miércoles por la mañana no llegaron" se refiere a un periódico inglés que retiró sus ediciones y había escrito una nota sobre el choque de Paul (que según la conspiración ocurrió un jueves). (No existe evidencia de que ningún periódico hubiera retirado sus publicaciones ese día)
- **Revolution:** John canta "Paul murió, Paul murió" al final. (en realidad está cantando "all right")
- **You know my Name (look up the number):** Después de que suenan las campanas del reloj se recita un número. Si llamas a este número escucharás un anuncio pregrabado que contiene más pistas.

Pistas en los álbumes:

- **La portada de Sgt. Pepper's Lonely-Hearts Club Band:** El "nuevo" Paul se muestra con una mano sobre su cabeza. Durante el periodo tardío de los Beatles, fotos y dibujos de Paul lo mostraban con una mano sobre su cabeza. Este es un símbolo religioso oriental que simboliza la maldad o la muerte (esto se ha probado falso) Ninguno de los otros Beatles tienen una mano sobre su cabeza en ninguna de las fotos o dibujos oficiales después del otoño de 1966. Paul también es el único Beatle sosteniendo un instrumento negro. Un grupo de jacintos forman una guitarra posicionada de la manera en la que lo haría un músico zurdo. Paul era el único Beatle zurdo. La guitarra solo tiene tres cuerdas, lo que representa a los tres Beatles sobrantes. Las flores deletrean la frase "Paul?" (Este arreglo de flores fue una idea original del asistente de set, decidió en ese instante realizar la forma de la guitarra con las flores". Si sostienes un espejo justamente en el medio del tambor que tiene el logo de sgt. Pepper de manera horizontal, deletrea la frase "I ONE IX HE DIE" que se refiere a la fecha de muerte de Paul – noviembre 9 (algunos sugieren que, ya que los ingleses colocan primero el día antes que la fecha, la verdadera fecha de la muerte de Paul sería el nueve de septiembre, lo cual tiene una connotación demasiado oscura. También encaja con el hecho de que la banda estuvo completamente inactiva de agosto 29 de 1966 hasta el 14 de septiembre del mismo año, cantidad de tiempo que nunca tuvieron para tomarse un descanso.)

- **La contraportada de Sgt. Pepper's Lonely-Hearts Club Band:** Paul se encuentra con la espalda hacia la cámara, mientras que el resto de los Beatles están de frente a la cámara. Esta es una referencia a la muerte de Paul (imágenes descartadas para el álbum muestran a Paul en muchas fotos, y en la gran mayoría estaba de frente a la cámara). George hace énfasis en la línea "la mañana del miércoles a las 5" como el día y hora del accidente. Si lees sobre esa linea de izquierda a derecha recibes varias pistas: "alguien te llama, respondes lentamente" "miércoles a las 5 de la mañana mientras comienza el día" "la vida fluye dentro de ti y sin ti" "estás solo, estás en la calle"

- **El doblez interior de de Sgt. Pepper's Lonely-Hearts Club Band:** "Paul" está usando un parche que dice "OPD". Este es un acrónimo canadiense que significa "oficialmente pronunciado muerto" (en realidad, todos los Beatles recibieron este parche, que en realidad dice "OPP" y significa "Policía Provincial de Ontario")

- **La portada de Magical Mystery Tour:** Paul está vestido como una morsa. La morsa, en India, es un símbolo de muerte (De nuevo, esto es falso). Sus brazos están abiertos de lado a lado, como si hubiera sido crucificado. Si volteas la portada de cabeza la palabra "Beatles" se convierte en "537-1438" o "2315-7438" o, al revés "834-7132" Este es un número que, cuando lo marcas, te contesta un mensaje automático que incluye más pistas.
- **El panfleto original de Magical Mystery Tour:** en la lista de canciones, de bajo de "I am the walrus", está escrito a mano "'¡No lo eres!' dijo el pequeño Nicola" El pequeño Nicola es un personaje en la película MMT que acompaña el álbum. Pero nunca le dice esto a John. En la película Paul es la morsa. En la segunda página Pau se sienta frente a una señal que dice "Yo tú era" sin ninguna explicación. En la página 9 la palabra "Hill" está junto a la cabeza del dibujo de Paul escrito en rojo. Esto es una referencia a la herida masiva que sufrió en la cabeza durante el choque. En la página 13 Paul no tiene zapatos, un símbolo de muerte (esto es falso) Los zapatos están a su izquierda, y, algunos dicen, están cubiertos en una sustancia roja similar a la sangre. En la página 23, y en la parte de la película "your mother should

know", Paul está usando un clavel negro. Los otros Beatles están usando claveles rojos.

- **El poster del álbum blanco:** Hay una imagen de "Paul" con un bigote y lentes, quien en realidad es William Campbell antes de que lo hayan convertido en Paul. Hay una imagen de Paul es una bañera que es un paralelo a cómo su cuerpo se veía después del accidente.
- **La portada de Yellow Submarine:** Una mano está sobre la cabeza de Paul en el dibujo de la portada. Esta es una forma de representar la maldad o la muerte en las religiones orientales (esto tampoco es cierto).
- **La portada de Abbey Road:** Paul está sin zapatos, como entierran a los muertos. John, de blanco, representa al sacerdote, George, de mezclilla, representa a quien cavó su tumba, Ringo, todo de negro, representa al portador del féretro. Los ojos de Paul están cerrados, sus pasos están distintos a los otros, y fumando con cigarro con la mano equivocada (Paul era zurdo). El número de placa del Volkswagen dice "LMW 28" que representa la edad que tendría Paul si estuviera vivo (Pau tenía 27 al momento de su supuesta muerte)
- **Contraportada de Abbey Road:** Los puntos de la izquierda en la B de "Beatles" pueden ser conectados entre sí y forman un 3,

lo que indica que solo hay 3 Beatles. Hay una grieta que se forma a lo largo de la palabra "Beatles", y un cráneo que apenas se puede notar junto a esta.
- **Portada de Let it be:** Los otros Beatles se encuentran frente a un fondo blanco, el fondo de Paul es color rojo sangre. Supuestamente, se le agregaron un par de pistas más a este álbum ya que el furor de la teoría se había calmado al momento de su estreno.

Las teorías de que Paul está muerto – Algunas teorías proponen que Brian Epstein y John Lennon fueron asesinados para silenciar los y prevenir que revelaran su conocimiento sobre la muerte de Paul y que las masas no supieran sobre ella. (Algunos incluso afirman que Yoko Ono es una espía japonesa que fue enviada para asegurarse de que John mantuviera la boca cerrada) Mientras otros creen que Paul no fue asesinado, solamente reemplazado. En imprentas y en la internet, cuando se habla de este tema, el acrónimo **PIR** hace referencia a "Paul ha sido Reemplazado", mientras que **PID** se refiere a "Paul está Muerto", el rumor original.

A lo largo de los últimos años, una nueva rama del rumor de la muerte de Paul se ha descubierto, llamado "60IF" que es una referencia a una de las pistas en el álbum de Abbey Road.

Mantiene la teoría de que George Harrison le dijo toda la verdad sobre la historia de la muerte de Paul y unos amigos hace varios años, y que el documento que escribió, que recientemente fue sacado a la luz desde su muerte en 2002, explica todo el proceso. En este documento, "George" afirma que el KKK (Ku Kulx Klan, una organización de supremacía blanca popular en Estados Unidos) secuestró a Epstein – quien era gay y judío – en 1966 y que Paul simplemente fue un daño colateral, lo que resultó en la muerte de ambos. A veces esto también es referido como TKIN (El rey está desnudo), el nombre de un sitio web que aboga por esta teoría.

¿Existe evidencia física de que Paul está muerto o ha sido reemplazado? La mayoría de los expertos te dirán que no.

Sin embargo, varias personas, tanto profesionales como meros aficionados, han buscado "probar" la muerte de Paul y/o su reemplazo al analizar imágenes y audio antes y después de 1966 para comprobar si realmente se sincronizan. En 1969, un DJ de Miami le solicitó a un profesor de la Universidad de Miami, Dr. Henry M. Truby, director de Investigación de Lingüística y el Lenguaje, que comparara dos grabaciones de audio de ambos Pauls para ver si su "huella digital de sonido" era la misma. Los resultados de Truby revelaron lo que él dijo que eran tres Pauls diferentes.

Un espectrógrafo de las grabaciones de voz, junto con un intento de asignarle diferentes canciones de los Beatles a los "tres Pauls" puede ser encontrado circulando por la red.

También se puede encontrar un típico intento de comparar fotografías de Paul en todas las fases de su carrera. Aquellos que no creen en el rumor de su muerte alegan que las fotos con frecuencia son alteradas o modificadas por creyentes de la teoría para hacer parecer que no son similares. Aún así, otros afirman que hacer comparaciones de fotos es inútil, ya que la estructura del rostro humano es más elástica de lo que se cree.

¿Cuál es la necesidad de encubrir la muerte? La teoría de porqué la supuesta pantalla de la muerte de Paul era necesaria propone los siguiente: Gracias a todo el dinero que los Beatles contribuían a los recaudadores de impuestos de Inglaterra, su continuidad era vital para la salud financiera de la nación. Así que el gobierno británico, en cooperación con los miembros sobrevivientes de los Beatles, su productor George Martin, su manager Brian Epstein, ingeniero de grabación Geoff Emerick, y manager de tures Mal Evans, conspiraron para encubrir la muerte de Paul. Se especuló que a cambio se les dio una gran cantidad de dinero y se les garantizó el éxito en cualquier actividad futura que quisieran tener. Todos han negado esta conspiración.

¿Quién fue el Paul falso? Para que la muerte de McCartney pudiera mantenerse bajo la alfombra, los Beatles necesitaban un sustituto que se pareciera a él. Se dice que encontraron el candidato perfecto con un actor llamado William Campbell, el ganador de un concurso de dobles de Paul MacCartney que se parecía tanto al cantante que supuestamente estaba en la nómina de los Beatles como un doble que era soltado para distraer a los fans y a la prensa. El nombre puede parecerte familiar por una línea en el álbum de Sgt. Pepper's Lonely-Hearts Club Band: "así que déjame presentarte, el único e inigualable Billy Shears, y Sgt. Pepper's Lonely-Hearts Club Band".

Si Paul está muerto, entonces su impostor sigue ganando. Conoció y se casó con Linda Eastman, con quien tuvo cuatro hijos antes de perderla a causa de cáncer de mama en 1998. Sacó un álbum en 1993 llamado "Paul Is Live" y produjo más de 20 álbumes en solitario – y eso sin contar los publicados por Wings. Después sobrellevó un terrible divorcio de Heather Mills, que seguramente lo hizo desear estar muerto, o al menos aún ser Billy Sheers. Si esta teoría es verdad o no, solo McCartney puede saberlo con certeza.

El Philadelphia Experiment

El experimento Filadelfia, o proyecto arcoíris como también es conocido, es la primera y más influyente teoría conspirativa sobre la teletransportación.

Involucra la desaparición de una nave de la Fuerza Naval de los Estados Unidos y toda su tripulación, a Albert Einstein, una batalla en un bar paranormal, y un encubrimiento.

La historia dice que, además de escoltar destroyers, el USS Eldridge era usado en una serie de experimentos para probar la teoría del campo unificado de Einstein y así encontrar una forma de ocultar grandes buques de guerra de la vista enemiga. Los creyentes de este experimento dicen que el barco fue bombardeado con fuertes generadores electromagnéticos que podían reflejar la luz alrededor del barco, lo cual lo volvía invisible a simple vista.

. . .

El primer experimento se llevó a cabo en Julio de 1943, en el campo naval de la ciudad de Filadelfia. Cuando se encendió el interruptor, según un testigo que afirma haber estado ahí, el barco se rodeó de una neblina verdosa y cuando se elevó la cortina de humo el Destroyer había desaparecido. La única evidencia de que el barco seguía ahí era la huella que su carcasa dejaba en la superficie del agua. Cuando el buque reapareció, se decía que la tripulación se encontraba desorientada y violentamente nauseabunda.

Otro experimento subsecuente el 28 de octubre de 1943 causó que el barco desapareciera del campo naval de Filadelfia y reapareciera momentos después en las aguas a las afuera de Norfolk, Virginia.

El siguiente truco del barco fue desaparecer de nuevo de Norfolk y volverse a materializar en Filadelfia.

Sin embargo, en el corto tiempo que le tomó al barco teletransportarse, el experimento tomó una dirección siniestra. Muchos de los miembros de la tribulación estuvieron temporalmente atrapados entre dimensiones, otros desaparecieron para siempre, y cinco marineros se fusionaron con la cubierta y la carcasa del barco cuando reapareció. La mitad de los oficiales y marineros se volvieron locos por la experiencia y otros supuestamente desaparecieron y reaparecieron espontáneamente años después.

Sorprendidos por la inesperada teletransportación y sus horrorizantes resultados, la fuerza naval decidió cancelar el experimento e inmediatamente empezó a encubrir cualquier evidencia de que se había llevado a cabo. Los teóricos conspirativos dicen que a algunos miembros de la tripulación que aún estaban en sus cabales les lavaron el cerebro para que no pudieran contar las aventuras.

La evidencia, una carta misteriosa – La historia comenzó a circular en 1955 cuando un hombre llamado Carlos Allende escribió varias cartas en una tipografía extraña dirigidas a Morris Jessup, un investigador y escritor OVNI. En su correspondencia, Allende afirmó que atestiguó la repentina desaparición y reaparición del USS Eldridge mientras navegaba en un buque civil cercano (el SS Andrew Furuseth).

Entre otras afirmaciones, Allende dijo que sabía de primera mano que Albert Einstein había resuelto la teoría del campo unificado y que había atestiguado, en un bar, una pelea entre dos tripulantes del Eldridge que desaparecieron a la mitad de ella.

· · ·

Jessup descartó las afirmaciones de Allende hasta que se le acercaron dos oficiales de la Oficina de Investigación Naval (ONR por sus siglas en inglés) con una copia de su libro, El caso para OVNIs, que habían recibido anónimamente. El libro estaba lleno de anotaciones con comentarios sobre la naturaleza de los OVNIs, métodos de propulsión y cultura alienígena – y Jessup reconoció que era la letra de Allende en los márgenes del libro.

Los escépticos – El investigador paranormal Robert Goerman dijo que había descubierto que Allende en realidad era Carl Allen, un lobo solitario que era conocido por involucrarse en bromas, anotaba en cualquier superficie que pudiera y enviaba misivas a su familia y a otras personas. Goerman publicó una historia en la revista paranormal y de investigación OVNI llamada FATE donde afirmaba que Allen había creado el engaño y había sido más exitoso de lo que había anticipado.

El investigador Jacques Vallee publicó un artículo llamado "Anatomía de un engaño" en el Diario de la Exploración Científica en 1984 que hablaba sobre Allen, la omnipresencia de la historia sobre el experimento Filadelfia y las instrucciones para detectar historias paranormales falsas.

. . .

Los escépticos dicen que la teoría tiene demasiados agujeros para ser funcional. Allen no es un testigo creíble y nunca presentó evidencia verificable para respaldar ninguna de sus afirmaciones. Algunos se preguntan por qué la marina decidiría realizar un experimento altamente peligroso y secreto con un bote masivo y en el medio del día.

Pero a pesar de la falta de otros testigos, la historia ha prosperado, y no hay ninguna indicación de que su influencia pueda disiparse pronto después de 50 años. Ha generado una gran cantidad de libros, sitios web sobre conspiraciones, y una película en 1984.

La historia fue reforzada por la investigación que llevaron a cabo los dos oficiales navales sobre las anotaciones que Allen había realizado en el libro, y por las explicaciones oficiales que ofreció la Marina sobre sus actividades. También cuando Morris Jessup se suicidó en 1959, algunos teóricos conspirativos sugieren que fue asesinado para evitar que revelara los secretos militares. Si la teletransportación fue verdad, claro está, es poco probable que el ejército admita su existencia. ¿esto te hace sentido? ¿crees que podría haber pasado?

6

Misterios humanos

SÍNDROME de la mano ajena

¿Alguna vez te has despertado en medio de la noche porque sentías que te faltaba el aire? Es ciertamente una sensación aterradora, y puede serlo aún más darte cuenta de que aquello que estaba presionando contra tu cuello, con la clara intención de matarte, era tu propia mano.

En 1998, una mujer estadounidense de 81 años, cuyo nombre permanece anónimo a petición de la paciente, fue atendida en un hospital por la sensación de cosquilleo en la parte izquierda de su cara, su brazo, y su pierna. De acuerdo con los testigos y el personal del hospital, la mujer se encontraba desorientada, no podía decir con exactitud donde se localizaba e incluso confundió a su propia hija con una enfermera.

Otros de sus síntomas incluían torpeza en las extremidades, debilidad ligera, y una hemianopsia homónima. Al segundo día, la mujer se quejó con el personal del hospital diciendo que sentía que su mano izquierda estaba bajo el control de alguien más, le había golpeado el rostro y la cabeza.

Después de que la mujer afirmara tener miedo de lo que su mano podría llegar a hacerle, fue trasladada al Hospital General de Massachusetts, cuando se le cuestionó sobre la razón por la cual había acudido al hospital ella mencionó que su mano izquierda había "intentado ahorcarla".

Durante la entrevista con el médico en turno, la mujer ocasionalmente se rascaba la cabeza y tocaba su frente siempre del lado izquierdo, en ocasiones tenía que mantener la mano quieta agarrándola con su mano derecha.

Describió la sensación como que "alguien" continuaba golpeándola y apretando el área de su cuello, la mujer lo describía como una presencia masculina, refiriéndose a su mano como "él".

Durante las examinaciones se demostró una preferencia por el uso derecho de la vista, y tenía dificultades para distinguir su mano izquierda de la propia del examinador.

Tenía problemas para reconocer a personas famosas en fotografías, y cuando le mostraban imágenes solo distinguía con exactitud la parte derecha de ella, y había inexactitudes cuando se le solicitaba mirar a puntos específicos de la habitación.

Después de 5 días en el hospital, la condición de la mujer mejoró, sus habilidades visuales y complicaciones de memoria se habían agudizado, y la actividad independiente de la mano había cesado, sin embargo, la mujer aún se mostraba temerosa de ella, y estuvo en constante vigilancia incluso después de haber sido dada de alta.

A este suceso, donde una mano parece desarrollar una conciencia propia, se le conoce como el síndrome de la mano ajena o el síndrome del Dr. Strangelove. Es una condición neurológica que impide la comunicación entre los dos hemisferios cerebrales, generando así una desconexión que lleva a que ambos lados interpreten la información enviada o recibida de manera diferente; un lado, más comúnmente el izquierdo, permanece como el hemisferio dominante, por lo cual da la sensación de que la orden dada está siendo obedecida por el lado derecho del cuerpo y el izquierdo permanece en un estado de anarquía.

Existen diferentes niveles de gravedad, la más baja siendo que la extremidad tiene una conducta anormal o se rehúsa a realizar las instrucciones que el cerebro le indica, y los casos extremos, como el mencionado anteriormente, llevan a una completa autonomía de la extremidad, donde tienden a realizar movimientos independientes cuando una tercera persona le está dando una instrucción.

Una conducta común de la mano alienígena es llevarle de la contraria al lado dominante del cerebro, por ello tienden a deshacer lo que sea que su contrario haya hecho. Ejemplos de esto pueden ser los botones de la camisa, si conscientemente un individuo los abotonó la mano anárquica se dedicará a desabotonarlos, muchas veces esto ocurre incluso sin el conocimiento del individuo, la información o instrucción se genera directamente en el área motora de cerebro sin pasar por el lóbulo frontal, quien es responsable de interpretar la información, y por ende no se tiene consciencia de las acciones realizadas.

El caso de Karen Byrne, una mujer de 55 años que vivía en New Jersey, Estados Unidos, fue uno de los casos estudiado por el Centro de Ciencias de la Salud de la Escuela de Medicina de la Universidad de Texas. La mano de Kate solía intentar golpearla y abofetearla, actuaba con mucha independencia, al punto de realizar acciones que dificultaban el día a día de Kate. En una ocasión, durante una examinación médica, el entrevistador le cuestionó por qué se desabrochaba la blusa si aún no había requerido un examen físico. "No tenía ni idea de que mi mano izquierda estaba desabotonando mi ropa.

Los volví a abotonar con la derecha, y en el segundo que terminé, la izquierda volvió a desabotonarlos. En otras ocasiones, sacaba cosas de mi bolso o cartera sin que yo me diera cuenta" afirmó.

La mano de Kate también era fuerte y le costaba trabajo controlarla incluso con su mano dominante, en una ocasión, afirma, su mano izquierda comenzó a acariciarle el rostro y el cabello, aunque intentó resistirse e incluso usar su otra extremidad para detenerla no fue capaz de hacerlo, y durante más de media hora su mano izquierda continuó tocando la parte superior de su cuerpo.

Esta enfermedad no es solo embarazosa, sino que también afecta la vida diaria de aquellos que la padecen, además, las principales causas de ella tienden a ser problemas de salud serios como un aneurisma o infarto cerebral. No existe un tratamiento o cura para este síndrome, debido a que no es causada por un virus o bacteria, aquellos que la padecen pueden asistir a terapias para ayudarles a sobrellevar los efectos secundarios y desventajas que vienen con este síndrome.

Combustión humana espontánea

La dama de la ceniza; 1ero de julio de 1951, la viuda Mary Reese de 67 años de edad (1881 – 1951).

La última vez que Mary fue vista viva fue a las 9pm en la noche del incendio. Su hijo, el Dr. Richard Reeser, y su arrendataria, la Sra. Pansy Carpenter, habían visitado a Mary para despedirse alrededor de las 9pm, y la dejaron sentada cómodamente en su mecedora. El 2 de julio, a la mañana siguiente del fuego, la Sra. Carpenter notó que la manija de la puerta del apartamento de Mary estaba caliente cuando la tocaba. Bajo la sospecha de que un incendio había ocurrido llamó a la policía inmediatamente.

Al entrar al apartamento de Mary se toparon con una escena espeluznante. Los restos de Mary fueron descubiertos en una silla un tanto carbonizada que solo retenía los resortes calcinados. Lo único que quedó de ella fueron su pie izquierdo, que aún tenía puesto una pantufla, su espina dorsal, y un cráneo que se había encogido misteriosamente.

El cuerpo de Mary, que pesaba alrededor de 75 kilogramos, había sido reducido a menos de 5. El único daño que sufrió el apartamento fue una pequeña área circular que se había quemado. Al lado de ella había una toma de corriente de plástico que se había derretido y causado que su reloj se detuviera a las 4:20am. Este descubrimiento y los restos de Mary asombraron a los bomberos, policías, y patólogos que los examinaron.

Este es un fenómeno en el cual un individuo espontáneamente se prende en llamas y muere en un incendio muy intenso, caliente, y rápido que reduce a la víctima a cenizas mientras que otros objetos en la misma habitación no sufren ningún impacto.

Se ha documentado con cautela y las personas que han muerto gracias a este fenómeno han sido estudiadas y sus restos también de manera exhaustiva. En los últimos 300 años, los casos de un cuerpo humano incendiándose sin ninguna prueba de un incendio cerca de ellos han sido los suficientes como para descartar que sea una coincidencia o accidente. Casi 200 casos de personas muertas por incendiarse sin motivo aparente han sido reportados y registrados.

¡Algunos casos hasta han tenido testigos!

Para volver el fenómeno aún más confuso y alucinante debes saber un dato importante: en muchos de los casos, lo único afectado por el fuego es el cuerpo de la persona, mientras que ningún otro objeto se calcine. De hecho, en algunos casos la ropa que usaban las personas había resultado ilesa. El primer caso registrado de combustión espontánea se remonta al siglo 17 y fue encontrado en registros médicos antiguos.

. . .

Después de cuatro décadas se empezaron a encontrar los primeros reportes escritos, los incidentes varían un poco en cuanto al daño que perduró después de que se hubiera quemado el cuerpo. En algunos casos, todo el cuerpo fue quemado sin ningún daño a la silla o cama en donde se encontraba el cuerpo de la víctima. Mientras que en otros casos, todo el cuerpo se incendió con excepción de un pie o algunos dedos que habían salido ilesos.

La creencia inicial sobre la razón detrás de este fatídico destino que sufrían las personas era debido a que era un castigo por los pecados que había cometido. Después estaba la explicación sobrenatural. Algo maligno era responsable de incendiar a la persona poseída por un demonio o quizá un demonio estaba enojado con la persona.

Mientras algunos habían estado sentados cerca de una fogata, otros casos no estaban ni siquiera cerca de una fuente de calor. De hecho, algunos estaban manejando y otras personas se incendiaron mientras caminaban. La ciencia no acepta la idea de que las personas puedan incendiarse por sí solas. Para calcinarlo por completo, el cuerpo humano necesitaría llegar a una temperatura de más de 150° grados. Mientras tanto, el misterio sobre por qué la ropa y otros objetos se mantienen intactos aún permanece como "sin resolver".

. . .

De acuerdo a los científicos, ¿Cómo puede el cuerpo humano que está formado mayormente de agua incendiarse por sí solo hasta el punto de calcinarse?

Cuando un cadáver es cremado o incinerado, requiere grandes cantidades de calor y una fuente de fuego que se mantenga encendida por muchas horas.

Después sucede el "efecto de vela". El Dr. John de Haan, del Instituto Criminalístico de California, condujo un experimento en el cual un animal muerto era envuelto en una sábana y una pequeña cantidad de gasolina era derramada sobre la sábana y luego incendiada. Después de arder por cinco horas, el animal estaba completamente quemado. Ya que el contenido de grasa en el cuerpo de ese animal específico era la misma que la de un ser humano, el Dr. De Hann explicó que el daño que obtuvo el cuerpo del animal muerto es exactamente el mismo que sufre una persona que se incendia por combustión instantánea.

Algunas teorías dicen que la persona estaba borracha y se durmió con un cigarro encendido en la mano, o que una mujer anciana se durmió demasiado cerca a la chimenea, etc. pero esto no explica los bizarros escenarios que se generan después del incendio.

Sucesos Inexplicables

. . .

Instancias – Una es particularmente intrigante. Desde el 5 de enero de 1820, incendios espontáneos sucedían a lo largo de la casa de John Wright. Esta ocurrencia sucedía alrededor de su madre, la señora Wright. Mientras ocurría, la mayoría de las veces que empezaba el incendio, una sirviente de la casa estaba en la misma habitación.

Pero no empezaba físicamente el incendio. Era una coincidencia que ella estuviera en el lugar en ese momento.

Wright una vez escuchó gritos desde la cocina. Se apresuró solo para ver que su madre estaba incendiándose y la sirviente se encontraba en la cocina también. Mandó a buscar a su hermana para que se sentara junto a su madre quien estaba en cama recuperándose de sus quemaduras.

Tan pronto como la dejaron sola durmiendo en su cuarto, escucharon sus gritos y corrieron a su habitación solo para encontrarla de nuevo en llamas. La sirviente fue despedida y desde que se fue no existieron más incendios misteriosos.

. . .

Extrañamente, la señora Wright nunca culpó a la chica de los incendios.

Después, Peter Seaton, un niño de 11 meses de edad de Londres, se encontraba durmiendo en su casa durante una noche de junio de 1939. Un invitado que estaba en la sala escuchó gritos en el segundo piso. Se apresuró al cuarto del niño y encontró fuego por todos lados. Los bomberos fueron llamados y el fuego se apagó. Nada inflamable se encontró en la habitación y la mayoría de los muebles estaban intactos.

Otro horrible incidente gracias a este extraño fenómeno involucra a seis personas el 27 de diciembre de 1976. Se escribió sobre él en el Nigerian Herald. En un pequeño cuarto de madera seis personas se incendiaron espontáneamente mientras estaban dormidos, y el resto de la habitación permaneció sin daño alguno, incluyendo los dos colchones de algodón. La madre de la familia dijo que alguien había chorreado gasolina en las personas que estaban durmiendo, pero la investigación no obtuvo ninguna evidencia que respaldara esa afirmación.

Individuos con un enfoque más serio y los científicos no concuerdan que el fenómeno exista en lo absoluto. De otra forma, afirman, ¿por qué el número de personas que han muerto por esta razón es tan pequeño? Después de todo hay más de 7 billones de personas en el planeta, deberían de existir más reportes para que pueda considerarse como una posibilidad, lo cual tiene algo de lógica. Pero entonces ¿qué ocurrió con las personas que han muerto de esta causa?

7

Maldiciones famosas

LA MALDICIÓN de los 27

La maldición de los 27, también conocida como el Club de los 27, ha sido una creencia popular moderna de los últimos años que supuestamente acecha sobre jóvenes y prometedores artistas, especialmente a aquellos presentes en la escena del rock & roll y otros tipos de música popular.

Esta maldición se refiere a las condiciones extrañas o tétricas en las cuales fallecieron grandes nombres de la industria del rock and roll como Janis Joplin, Jimi Hendrix, Jim Morrison, Kurt Cobain, Amy Winehouse, y Bryan Jones. La característica principal que tienen todos estos artistas es que murieron a la edad de 27 años y en la parte epítome de sus carreras musicales.

Tantas han sido las coincidencias, que muchos admiradores y creyentes consideran que existe algo maligno que envuelve a estas misteriosas muertes.

Robert Johnson – Conocido como el rey del Blues del Delta fue un cantante, compositor, y guitarrista estadounidense. Su influencia, aunque su discografía es una de las más pequeñas, ha alcanzado a miles de músicos a lo largo de la historia, muchos de los cuales triunfaron para ser grandes representantes de la música en sus épocas. También fue conocido como "El abuelo del Rock and Roll" por la misma razón.

Nació en Hazlehurst, en Misisipi, Estados Unidos, el 8 de mayo de 1911, hijo de Julie Ann Majors y Noah Johnson. A los 18 años de edad contrajo matrimonio con su novia de ese tiempo Virgina Travis, quien quedó embarazada poco después y eventualmente murió en el parto junto al niño que cargaba en su vientre. Posteriormente inició su carrera musical haciendo presentaciones por el sur del país, hasta 1936 cuando tuvo la oportunidad de grabar algunas de sus canciones (29 canciones que serían grabadas en Texas) y cuyo proceso finalizó el 20 de junio de 1937.

Falleció el 16 de agosto de 1938 en Greenwood, Misisipi.

Su cuerpo nunca fue ofrecido para una autopsia, por lo cual la causa de su muerte permanece un misterio, aunque muchos creen que pudo haber sido obra del marido de Beatrice Davis, mujer con la que mantenía un amorío, quien envenenó una botella de whisky con naftalina. Tampoco se hizo público su lugar de entierro, por lo que muchos fans no conocen el paradero de su cuerpo.

Una visión un poco más tétrica propone que Johnson murió gracias a un pacto con el diablo. Según la leyenda pasada de bar en bar, al iniciar su carrera Robert no era un guitarrista innato, intentó muchas veces obtener trabajos de músico pero nunca fue lo suficientemente bueno, frustrado por su fracaso decide tomarse un descanso. Al regresar, se había convertido en el gran artista que conocemos hoy en día.

Según el rumor, Johnson buscó ayuda de un espiritista quien lo ayudó a hacer un pacto con el diablo, él le prometió su alma bajo la condición de convertirse en un gran artista del blues, una vez que su parte del trato había sido cumplida, el demonio cobró su deuda y finalmente llevó a Johnson a la muerte a la edad de 27 años. Aunque su muerte sucedió muchos años antes que la de muchos de los miembros del club de los 27, es considerado la primera víctima de esta maldición.

Jimi Hendrix – Uno de los artistas que abiertamente reconocieron la influencia de Johnson en su carrera y música fue el legendario guitarrista Jimi Hendrix. Considerado parte de la realeza del rock contemporáneo, su vida y muerte presenta muchos paralelismos con el del propio Robert Johnson.

Nacido el 27 de noviembre de 1942 en Notting Hill, Londres, Inglaterra, bajo el nombre legal de Johnny Allen Hendrix fue un guitarrista, cantante, y compositor inglés que es actualmente considerado uno de los guitarristas más influyentes de nuestra época, aún incluso cuando su carrera fue relativamente corta (sólo estuvo en la escena durante 4 años).

Hendrix murió en una habitación del sótano del Samarkand, un hotel en Londres, acompañado de Monika Dannemann, una patinadora alemana y novia de Hendrix en esa época. Según su testimonio pasaron el día del 17 de septiembre juntos en una tarde dentro del hotel, la patinadora afirma que Hendrix le dijo que la llevaría a un lugar ese día por la noche, pero no quiso decirle con quién o para qué. Después de ello, Jimi le dijo que estaba cansado y le pidió pastillas para dormir, ella le advirtió que solo se tomara media pastilla debido a que el medicamento era muy fuerte.

A la mañana siguiente, después de haberse quedado dormidos, Monika decidió ir por cigarrillos mientras Jimi seguía dormido.

Cuando regresó al hotel el músico aún no daba señales de despertar, se percató que el empaque de las pastillas estaba cerca de él y que faltaban nueve, también notó un hilo de vómito que salía de la boca del cantante. Según la patinadora, tomó su pulso y lo notó normal. Terminó por llamar a la ambulancia después de un ataque de pánico, y finalmente se reveló que la causa de muerte había sido asfixia por su propio vómito, había fallecido a los 27 años de edad.

Jimi ya tenía un historial de consumo de drogas, además de que anteriormente había sido demasiado imprudente como para mezclar pastillas para dormir con alcohol. Aunque no tenía un perfil depresivo, un accidente de mezclas de substancias parecía ser la causa más probable. Aún así, brilló una luz de sospecha sobre su representante. Según los reportes, Hendrix y su representante, Shapiro, se encontraban en un mar de deudas bancarias y con la mafia que no podían ser saldadas a no ser que Hendrix se mantuviera en una gira constante que le permitiera una gran cantidad de ingresos rápidamente, según la historia Hendrix se rehusó a continuar con una vida de constante movimiento, y su verdadero deseo era permanecer en Londres para experimentar con su música y otras cosas. Furioso y presionado por la situación económica, Shapiro asesina a Jimi con la intención de cobrar el seguro de vida que le ayudaría a saldar sus deudas. Aún se desconoce el motivo real detrás de su repentina muerte, pero es considerado como la segunda víctima del club de los 27.

Janis Joplin – tres semanas después de la muerte de Hendrix Janis Joplin fue encontrada en el piso de su habitación de hotel sin rastro de pulso. El reporte de la autopsia revela que su muerte fue causada por una sobredosis de heroína que posiblemente había sido combinada con alcohol. Su muerte fue lenta, e incluso tuvo tiempo de bajar al lobby de su hotel, el Landmark Motor Hotel, y comprar cigarrillos. Personal del hotel afirman haberla visto con vida aunque actuando de manera errática, gracias a los efectos de las drogas dentro de ella, en la noche de su muerte. Según los expertos las muertes por sobredosis de heroína comúnmente suelen ser lentas, lo cual explica que nadie haya podido ayudarla en la noche del 4 de octubre de 1970 cuando falleció a la edad de 27 años.

Brian Jones – Guitarrista y cofundador de los Rolling Stones, una de las bandas más influyentes del rock contemporáneo. Su muerte es una de las más misteriosas, extrañas, y tétricas en la lista del club de los 27. El guitarrista fue encontrando en la madrugada del 3 de julio de 1969 en el fondo de una alberca en la granja de Cotchford, en Hartfield, Inglaterra. Su muerte fue categorizada como un accidente, pero la autopsia reveló cierta cantidad de anomalías en su corazón e hígado. No era ningún secreto que Brian había tenido un problema de abuso de drogas y alcohol durante su carrera.

Aún así los rumores comenzaron a surgir, donde fans afirmaban que en realidad había sido un atentando y la muerte de Jones debía tomarse en cuenta como un asesinato. Se apuntaron dedos a un trabajador de construcción que estaba a los alrededores la noche del asesinato, y unos cuantos más disparates decían que sus compañeros de banda lo habían asesinado. La investigación no arrojó pruebas suficientes como para tener a un sospechoso probable, ni mucho menos arrestar a alguien.

. . .

Jim Morrison – Jim Morrison había llevado una vida demasiado acelerada, desde una rápida subida a la fama, una relación desenfrenada con su pareja cósmica, como él se refería a ella, Pamela Courson. Ella lo encontró muerto en la bañera del apartamento que compartían el 3 de julio de 1971, exactamente dos años después de la muerte de Brian Jones. Durante ese tiempo las leyes nacionales no requerían realizar una autopsia, por la cual la causa de su muerte sigue siendo un misterio.

Pamela Courson murió tres años después de una sobredosis de heroína, ella también tenía 27 años al momento de su fallecimiento.

Kurt Cobain – Nirvana ha sido una de las bandas más famosas de los años 90 y continúa influenciando a músicos hasta nuestra época.

Sin duda una de las noticias más tristes e impactantes de la comunidad ha sido la repentina muerte de Kurt Cobain, el guitarrista principal de la banda, y no solo por ser una celebridad adorada, sino por las trágicas condiciones de su muerte.

. . .

Kurt Cobain murió el 5 de abril de 1994 ante su propia mano, después de dispararse en la cabeza con una escopeta, y así dejando a una viuda, Courtney Love, y una hija de 1 año, Frances Bean Cobain. Este no era el primer intento de suicidio por parte del cantante, ya que antes había intentado con el método de alcohol y medicamentos analgésicos. Su cuerpo no fue encontrado sino hasta tres días después cuando un electricista asistió al departamento para hacer una instalación.

Dejó atrás una carta de suicidio donde dejó constancia de su profunda depresión, argumentando que no había sentido la emoción de escuchar ni crear la música en mucho tiempo.

La carta estaba dirigida a su amigo imaginario, Boddah. Se dice que sus problemas crónicos de estómago, además de la constante presencia de la prensa en su vida pública y privada, adicionado con las presiones naturales de la vida de una celebridad, fueron un cóctel fatídico que eventualmente llevaron a que tomara su propia vida a la corta edad de 27 años.

Amy Winehouse – una de las cantautoras más influyentes de su época, Amy fue una mujer que marcó la industria de la música pop por muchos años. Nunca escondió la terrible presión que conllevaba la fama y la presión de los medios, ni su constante batalla contra la adicción al alcohol y las drogas que utilizaba como mecanismo de defensa al resto de sus problemas.

Uno de los puntos más bajos en la carrera de la cantante fue registrada en video y publicada por todo el mundo. Se trata del concierto en Belgrado, Serbia del 18 de junio del 2011.

Amy se presentó puntualmente en el concierto, pero no se encontraba en condiciones óptimas para presentarse. Se tambaleaba en el escenario y su habla estaba arrastrada, no tenía siquiera la capacidad para cantar sus propias canciones correctamente, se desconoce si la artista había acudido ebria o borracha al evento. Sus músicos y representante intentaron convencerla de parar, pero la cantante continuó con su show. En miles de videos tomados por los asistentes al concierto se puede apreciar el comportamiento errático de la cantante, además de los abucheos de la audiencia cuando notaron las deplorables condiciones en las cuales el show estaba siendo presentado.

Posterior a este concierto, que sin saberlo sería el último, Amy decidió cancelar todas sus fechas restantes del tour, algunos de sus fans tenían la esperanza que fuera debido a que ingresaría de nuevo a rehabilitación, pero finalmente, un mes después, su guardaespaldas la encontró inerte en su cama el 23 de julio de 2011. La causa oficial de la muerte fue intoxicación por alcohol. Amy Winehouse fue otra víctima de la maldición de los 27.

Aunque ciertamente no existe nada sobrenatural detrás de estas muertes, es una coincidencia demasiado grande y que también se ha extendido a lo largo del mundo. En 2017, un cantante y actor surcoreano, Kim Jonghyun, vocalista principal de la aclamada banda SHINee, fue encontrado muerto en su departamento. La causa de muerte fue suicidio por inhalación de monóxido de carbono. Dejó atrás una carta donde explicaba su batalla contra la depresión y cómo la fama solo había resultado contraproducente, murió a la edad de 27 años, nueve años después de debutar en 2008; su muerte también desató un importante debate sobre la salud mental de los ídolos surcoreanos quienes son sometidos a altos niveles de presión y trabajo. En México, el 25 de noviembre del 2006, se encontró el cuerpo del popular cantante de música ranchera Valentín Elizalde, yacía en una camioneta con otros tres cadáveres y el cuerpo herido de su primo. Aunque los pormenores del caso no han sido aclarados, se rumora que el cantante tenía una rivalidad con elementos del narcotráfico del país y la causa de muerte habían sido los 25 casquillos de bala que se encontraron en su cuerpo y cerca de la camioneta. Valentín también tenía 27 años al momento del atentado. ¿Habrá verdaderamente una maldición sobre los jóvenes artistas?

La maldición de Tecumseh

El 5 de octubre de 1813, alrededor de 4,000 soldados americanos liderados por el general William Henry Harrison se involucraron en una batalla cerca del río Támesis, situado en el actual Chatham, Ontario, Canadá, contra una tropa mucho más pequeña de las fuerzas aliadas británicas y guerreros nativo-americanos de una confederación de tribus liderada por el gran jefe Shawnee, Tecumseh. Fue la batalla final de un gran enfrentamiento político entre Harrison y Tecumseh y sus respectivas milicias.

Cuando había sido gobernador del territorio de Indiana algunos años atrás, Harrison negoció el tratado de Fort Wayne, que indició a la delegación de líderes nativos a ceder más de 3 millones de acres de tierra al gobierno de los Estados Unidos. Hubieron dudas con respecto al tratado, mayormente el hecho de que el presidente Madison no le había autorizado a Harrison a hacer una negociación y algunas de las tierras indígenas no pertenecían a los líderes tribales que las vendieron. Además,

Harrisun usó técnicas de negociación un tanto controversiales – sobornó a las tribus que accedieron a vender la tierra y le proveyó whisky a la delegación indígena para mantenerlos medianamente borrachos durante las negociaciones.

La gente de Tecumseh, la tribu Shawnee en Indiana contemporánea, no tenía derecho sobre las que Harrison había comprado, aun así, Tecumseh sentía un gran remordimiento con el precedente de los nativo-americanos que habían vendido grandes cantidades de tierra al gobierno de Estados Unidos que aún estaba despegando, y que posteriormente se vieron forzados a recolocarse en otro lado.

Viajó por las diferentes áreas tribales de Ohio, y Tecumseh inspiró a las villas a hacer una alianza confederada para oponerse al tratado, y exiliar a los líderes tribales que habían vendido sus tierras antes que ellos.

En el verano de 1810, Tecumseh y una banda de guerreros aparecieron en la casa de Harrison, en Vincennes, Indiana, y le pidieron al gobernador desistiera del tratado de Fort Wayne. Harrison se negó iracundamente y la escena por poco resultó en un enfrentamiento violento entre los guerreros de Tecumseh y Harrison y las personas de Vincennes, pero la tensión fue calmada por otro jefe indígena que persuadió a los guerreros para que se fueran.

Tecumseh continuó creando una alianza con varias tribus y le advirtió a Harrison que se aliarían con los británicos si el tratado seguía en pie.

En noviembre de 1811, Harrison y un grupo de más de mil soldados decidieron que era momento de la venganza, le devolvieron la visita Tecumseh y marcharon desde Vincennes hasta el asentamiento del gran jefe en Prophetstown. Tecumseh estaba fuera del lugar reclutando guerreros y tribus para su alianza, pero su hermano Tenskwatawa lideró un ataque contra los hombres de Harrison mientras descansaban en un campamento cerca del río Tippecanoe.

Los hombres de Harrison derrotaron fácilmente a los nativo-americanos, los forzaron a abandonar su villa, quemaron Prophetstown, y le crearon un gran obstáculo a la confederación de Tecumseh.

La batalla de Tippecanoe se volvió un sinónimo de William Henrry Harrison y le otorgó el sobrenombre de

"Old Tippecanoe". Treinta años después, lanzó una campaña para ser presidente junto con John Tyler, su eslogan era "¡Tippecanoe y Tyler también!"

Para cuando se había desatado la guerra de 1812, Tecumseh ya había reconstruido los pedazos de su confederación y se anexó a la guerra como un aliado sólido del imperio británico.

La batalla de Támesis fue corta, pero tuvo efectos de larga duración para los estudiantes del folclore presidencial y los creyentes de la superstición.

Cuando las tropas de Harrison atacaron a Tecumseh el 5 de octubre de 1813, un coronel llamado Richard Mentor Johnson se atrabancó contra las fuerzas indígenas y, a mitad de la batalla, mató al jefe Shawnee de 45 años de edad.

Johnson fue herido cinco veces y los hombres de su caballería sufrieron la mayor cantidad de pérdidas, pero Johnson se volvió un héroe político del mismo grado que su comandante, el general Harrison. En 1836, simplemente por la creencia de que había matado a Tecumseh personalmente, Richard Mentor Johnson fue elegido vicepresidente de los Estados Unidos.

Cuatro años después, William Henry Harrison tuvo su oportunidad para ganar una alta silla en la política. "Old Tippecanoe" lanzó su campaña basada en sus victorias militares y la derrota de Tecumseh fue con certeza una de sus más grandes victorias.

La maldición – Sin que el hombre próximo a ser el noveno presidente de los Estados Unidos supiera, se rumoraba que una "maldición" había sido puesta sobre los ocupantes de la casa blanca, una maldición que empezaba con Harrison.

Si realmente era una "maldición indígena" la que había sido impuesta sobre Harrison y sus sucesores por Tecumseh (a veces también atribuida a su hermano Tenskwatawa) o no era nada más que una simple superstición que de alguna forma se hizo realidad, la "maldición" duró por 140 años e incluso después por poco reclamó a otra víctima, lo que lo vuelve una extremadamente rara coincidencia histórica.

. . .

La "maldición" es sencilla: empezando por la elección de Harrison en 1840, todo presidente electo en un año que termine en "0" moriría durante su mandato. Esta profecía realmente empezó con Harrison en 1840, y continuó fructíferamente cada 20 años hasta finales del siglo 20.

"Harrison ganará el próximo año para ser el gran jefe. Morirá en su oficina. Yo quien causé el oscurecimiento del sol y que los hombres rojos rindieran su aguardiente te digo que Harrison morirá. Y después de él, todo gran jefe electo cada 20 años en adelante morirá. Y cuando cada uno muera, que todos recuerden la muerte de nuestra gente.

1840, William Henry Harrison – al día de hoy, William Henrry Harrison aún es el segundo hombre más viejo en ser elegido presidente. Cuando empezó su mandato el 4 de marzo de 1841 tenía 68 años y sufría de un terrible resfriado. Las bajas temperaturas el día de su inauguración mantuvieron a la audiencia del capitolio un tanto pequeña, pero el nuevo presidente dio el discurso inaugural más largo de la historia, una presentación de 8,500 palabras que le tomó más de hora y media decir.

. . .

Harrison decidió dar el discurso sin usar un sombrero o un abrigo, y el clima frío y húmedo hizo que el presidente estuviera un poco mojado y tembloroso. Exactamente un mes después – el 4 de abril de 1941 – William Henry Harrison murió de neumonía, es el primer presidente en morir durante su mandato y la primera víctima de su vieja archienemiga: la maldición de Tecumseh.

1860, Abraham Lincoln – Originalmente electo en 1860, Lincoln guió a la nación a través de una devastadora guerra civil, fue reelecto en 1964, y finalmente terminó la guerra en abril de 1865 cuando el General de la confederación Robert E. Lee se rindió ante el general Ulysses S. Grant en la corte de Appomattox, Virginia el 9 de abril. Cinco días después, Lincoln le dijo a su esposa Mary mientras estaban en el carruaje que, por primera vez en su vida, sentía que la guerra realmente había terminado. Con su humor finalmente mejorando, Lincoln llevó a Mary al teatro esa noche para ver la presentación de una famosa actriz de nombre Laura Keene en la obra "Our American Cousin". Durante la obra, otro actor, John Wilkes Booth, le disparó a Lincoln en la cabeza, y la maldición de Tecumseh tomó a otra víctima a la mañana siguiente, el 15 de abril de 1865.

1880, James A. Garfield – James Garfield fue una estrella en ascenso de la política americana en 1880.

Sucesos Inexplicables

. . .

Un general de brigada durante la guerra civil, que en algún momento de 1880 simultáneamente fungía como un miembro electo de la casa de representantes de los Estados Unidos, senador de Ohio, y presidente de los Estados Unidos. Garfield nunca tomó su silla como senador, por supuesto, en su lugar decidió aceptar la presidencia y su inauguración tomó lugar en marzo de 1881. Solo cuatro meses después, el presidente Garfield estaba peleando por su vida después de que le hubieran disparado en una estación de tren en Washington D.C. Se aferró por 80 días, pero las infecciones causadas por los pinchazos y exámenes de los doctores y sus instrumentos no esterilizados debilitaron su corazón de 49 años de edad y lo mataron el 19 de septiembre en Jersey Shore donde se hospedaba para oler el aire fresco del océano.

1900, William McKinley – Como Garfield, William McKinley era un soldado decorado de la Unión en Ohio y en 1846 fue elegido presidente, derrotando así a William Jennings Bryan. Cuatro años después, destruyó a Bryan una vez más y fue reelegido. McKinley era un presidente enormemente popular y un hombre extremadamente gentil que usaba un clavel en su solapa para tener algo que darles a las personas. En septiembre de 1901, el presidente fue asesinado por un anarquista mientras se apretaban las manos en la Exposición Panamericana de Búfalo. Pensando en las otras personas, como siempre, el presidente herido primero les imploró a los oficiales que arrestaron al rebelde que no lo lastimaran.

Luego les pidió que la noticia de su atentado se le fuera dada a su esposa epiléptica y semi-inválida con el mayor cuidado posible. McKinley duró ocho días más, de nuevo arruinado por las prácticas médicas de la era, y murió a los 58 años el 14 de septiembre de 1901 – la cuarta víctima de la maldición de Tecumseh.

1920. Warren G. Harding – Warren Gamaliel Hardin se veía como un presidente y hablaba como un presidente, pero como él decía frecuentemente, no tenía un verdadero motivo para vivir en la casa blanca. Considerado globalmente como uno de los peores presidentes en la historia americana, la administración de Harding estaba plagada de corrupción, aunque Harding no estaba involucrada en ella.

El presidente estaba involucrado en varias relaciones extramaritales, incluyendo una que resultó con una hija bastarda y un encuentro romántico en el closet cerca de la oficina oval. Deprimido por todos los problemas de su administración, Harding murmuró que deseaba que su barco se hundiera en el verano de 1923 cuando se volvió el primer presidente en visitar Alaska. Continuando con su tour por la costa oeste, el presidente de 56 años de edad estaba enfermo de intoxicación y finalmente murió en el Palace Hotel en San Francisco el 2 de agosto, aún no se sabe si murió de un derrame cerebral o un ataque al corazón.

Su casa de muerte sigue inconclusa gracias a que la primera dama se negó a permitir una autopsia del cadáver – esta acción generó muchos rumores sobre que había envenenado a su esposo para protegerlo de una destitución. Tampoco ayudó el hecho de que permaneciera toda la noche previa al funeral sentada junto al ataúd abierto de su esposo en la casa blanca diciendo "Nadie puede lastimarte ahora, Warren" Hardin fue la cuarta víctima de la maldición de Tecumseh que fue enterrada en Ohio, precedido por todas las otras víctimas, con la excepción de Lincoln, que fueron enterradas en Illinois.

Para ese momento, la maldición de Tecumseh ya no permanecía como un secreto. Cada veinte años desde la elección de William Harrison en 1840 había muerto un presidente. De hecho, el único presidente además de aquellos electos en un año terminante en 0 que había muerto durante su mandato fue Zachary Taylor, quien murió de cólera en julio de 1850. Todas las otras muertes o asesinatos durante un mandato fueron coincidentemente en los años que cubría la maldición de Tecumseh. Después de la elección de 1840 fue decidida, el ciclo continuó y la maldición permaneció sin romperse.

1940: Franklin D. Roosevelt – Franklin Delano Roosevelt fue presidente por más tiempo que nadie en la historia de los Estados Unidos, y probablemente nadie en un futuro cercano pueda romper su récord.

En 1940, Roosevelt fue elegido para un tercer mandato sin precedentes, y mientras Estados Unidos peleaba en la segunda guerra mundial desde todos sus océanos ganó su cuarto mandato en 1944. Sin embargo, el Roosevelt de 1944 era un hombre enfermo y cansado. Cuando fue reelegido en 1944, sacó al vicepresidente Henry Wallace y se volteó a favor de Harry Truman y era posible que supiera que no sobreviviría su cuarto mandato. El 12 de abril de 1945, Roosevelt estaba posando para un retrato mientras descansaba en su casa vacacional en Warm Springs, Georgia. Al presidente se le había unido la persona que pintaba el retrato, una de sus primas, y su amante, Lucy Rutherfurd, ambas a quienes sorprendió cuando llevó su mano a su cabeza y dijo "tengo una horrible jaqueca" antes de desmayarse. Poco después, había muerto, la víctima de una hemorragia cerebral a la edad de 63 años. Mussolini murió 16 días después, Hitler murió 18 días después, y la Alemania Nazi finalmente se rindió un mes después de que el presidente Roosevelt fuera enterrado en su hogar en Nueva York.

1960: John F. Kennedy – el primer presidente nacido en el siglo 20 tampoco fue capaz de escapar a la maldición centenaria de Tecumseh. John Fitzgerald Kennedy fue el presidente electo más joven en la historia del país (Theodore Roosevelt era un par de meses más joven cuando sucedió al presidente asesinado McKinley en 1901) y el más joven en morir durante su mandato. A solo 46 años de edad, JFK fue brutalmente asesinado en frente de todo el mundo mientras estaba sentado junto a su esposa en un desfile móvil en Dallas, Texas.

También marcó el final del ciclo de presidentes que morían cada veinte años y que había empezado con "Old Tippecanoe" en 1840.

Apenas salvado – En 1980, la maldición de los 20 años era un problema lo suficientemente grande como para que el presidente Jimmy Carter fuera interrogado por un votante de Ohio sobre su preocupación acerca de la extraña coincidencia durante sus juntas promocionales para su reelección.

Carter respondió "No tengo miedo. Si supiera que va a pasar, aún así sería presidente y haría lo mejor que pudiera hasta el último día que pudiera" Carter no tenía ningún motivo para tener miedo; él no había sido reelegido en 1980, ya que perdió ante el ex gobernador de California, Ronald Reagan. Reagan fue el primero más viejo de la historia cuando fue inaugurado el 20 de enero de 1981. A los 69 años, era casi un año mayor que la primera víctima de la maldición de Tecumseh, "Old Tippecanoe", y Reagan cumplió 70 menos de tres semanas después de su inauguración.

El 30 de marzo de 1981, Reagan casi se convirtió en la octava víctima de la maldición cuando fue severamente herido durante un tiroteo en Washington D.C. Las heridas de Reagan, de hecho, eran mucho más severas que las que había sufrido el presidente Garfield cien años antes y el presidente McKinley ochenta años antes.

Sin embargo, Reagan fue salvado por las prácticas médicas modernas. Reagan se recuperó y terminó su mandato de ocho años, así retirándose en 1989 y, para probar aún más que el ciclo había sido roto, el presidente más longevo de toda la historia cuando murió en 2004 a la edad de 93 años.

¿Fue realmente una maldición? Bueno, ya que Tecumseh murió 25 años antes de que William Henry Harrison decidiera correr para presidente, sería increíblemente preciso adivinar que el general algún día llegaría a la casa blanca. El presidente George W. Bush, electro en el 2000, completó sus dos términos sin mayor contratiempo, y en 2020 el presidente Donald J. Trump, a pesar de caer enfermo en medio de una pandemia global del virus COVID19, se recuperó rápidamente gracias a la tecnología medicinal moderna y terminó su mandato sin riesgo mortal, así probando que el ciclo estaba realmente roto. Algunos creen que Reagan quería dar su juramento de frente a su hogar en el estadio de California. Bush también quería ver en la misma dirección. Esto les requería que vieran hacia el oeste. Era una tradición ver hacia el este. Esto podría explicar por qué la maldición no ha funcionado desde Kennedy o, aún más simplemente explicado, no existe una "maldición".

Conclusión

Existen demasiadas coincidencias en esta vida, realmente pueden hacer que una persona con sentido crítico y un juicio propio se llene de preguntas con respecto a la verdad de ellas. Ahora que has tenido una visión a muchas de las teorías alternativas que existen en nuestra historia ¿qué versión puedes creer?

No importa si ninguna te convence, la meta de este libro era darte una nueva perspectiva de los hechos que han ocurrido y siguen ocurriendo sobre la faz de nuestra amplia y grande tierra. Algunos se atreverían a etiquetar muchas de estas historias como de "lunáticos", sin embargo, esta es la realidad para muchas personas, y sin duda vale la pena preguntarse si la verdad que hemos conocido toda nuestra vida es, en realidad, la verdad.

Conclusión

Hay muchas cosas más por descubrir y conocer, y siempre debemos acercarnos a estos descubrimientos y misterios con una mente abierta, porque en muchas ocasiones lo que creemos cierto puede no serlo del todo.

Bibliografía

Clarín Argentina. (2019). Se cumplen 72 años de la caída del misterioso platillo volador tripulado en Roswell. 2 de junio de 2021, de La vanguardia Sitio web: https://www.lavanguardia.com/vida/20190709/463385980433/caso-roswell-misterioso-platillo-volador-tripulado.html

BBC News Mundo. (2020). Madeleine McCann: los momentos clave en la desaparición y búsqueda de la niña británica. 2 de junio de 2021, de BBC Sitio web: https://www.bbc.com/mundo/noticias-internacional-52927544

BBC News Mundo. (2020). Madeleine McCann: qué se sabe del sospechoso alemán que ha reavivado el caso de la niña británica desaparecida. 2 de junio de 2021, de BBC Sitio web: https://www.bbc.com/mundo/noticias-internacional-52947483

Milenio Digital. (2020). ¿Se acabará el dolor? Las temibles profecías que lanzó la legendaria Baba Vanga para 2021. 2 de junio de 2021, de Milenio Noticias Sitio web: https://www.milenio.com/virales/baba-vanga-profecias-predicciones-pasara-2021

BCC News Mundo. (2011). 11-S: una década después, las teorías conspirativas no cesan. 2 junio de 2021, de BBC Sitio web: https://www.bbc.com/mundo/noticias/2011/08/110829_teorias_conspiracion_estados_unidos

Ay H, Buonanno FS, Price BH, *et al.* Sensory alien hand syndrome: case report and review of the literature. *Journal of Neurology, Neurosurgery & Psychiatry* 1998;65:366-369.

Bibliografía

Isabel Valenzuela. (desconocido). Conoce la curiosa historia de la mujer con síndrome del Dr. Strangelove que fue atacada por su propia mano. 2 de junio de 2021, de VIX Sitio web: https://www.vix.com/es/btg/curiosidades/5874/conoces-estas-25-enfermedades-terriblemente-extranas?utm_source=next_article

MIX FM staff. (2020). ¿Qué es el Club de los 27 y quiénes lo conforman?. 2 de junio de 2021, de MIX FM Sitio web: https://mixfm.mx/destacadas/el-club-de-los-27/

www.ingramcontent.com/pod-product-compliance
Lightning Source LLC
Chambersburg PA
CBHW072020070526
44583CB00015B/1557